JN115030

掟破りの自治体改革

千代松大耕
CHIYOMATSU HIROYASU

青林堂

はじめに

昭和56年4月23日（木）、初代タイガーマスクの鮮烈デビューに魅せられて、熱心なプロレス少年になりました。その後、「ワールドプロレスリング」中継を欠かさずに観るようになってからは、アントニオ猪木のファンになりました。

昭和58年6月2日（木）、「第1回ＩＷＧＰリーグ戦」決勝、ハルク・ホーガンのアックス・ボンバーで、猪木が失神ＫＯ負けした事件は、ニュース番組で流れました。病院に運ばれた猪木が、心配で心配で、夜も眠れませんでした。

「かませ犬」発言から始まった「藤波辰巳×長州力」の名勝負数え歌。藤波が「サソリ固め」を長州に決めるシーンで、古館伊知郎アナが「掟破りの逆サソリ！」と絶叫していました。プロレス界では、「他人の得意技は使わない」という暗黙のルールがあり、長州の決め技を藤波が使うことに対して「掟破り」と形容していました。

昭和58年10月9日（日）、新日本プロレス派でしたが、初観戦は、全日本プロレスの「'83ジャイアントシリーズ」でした。会場は、岸和田市中央公園特設リング、メインイベントは「ジャイアント馬場・ジャンボ鶴田VSブルーザーブロディ・キラーブルックス」という好カードでした。セミファイナルに出場した、テッドデビアスが退場するとき、体にタッチしたら、ピシャッと汗が飛んできました。

昭和60年2月23日（土）、泉佐野市民総合体育館で、第1次ＵＷＦの「パンクラチオン・ロード」を観戦しました。メインイベントは「前田日明VS高田伸彦（延彦）」でした。スーパー・タイガー（初代タイガーマスク）も出場しました。振り返れば、数少ないＵＷＦの興行を泉佐野で観戦でき、とても貴重でした。


小学校入学前、祖父母や両親に買ってもらった玩具「ミクロマン」。全身14箇所可動の小型フィギアを押入れから引っ張り出し、プロレス技の研究に使いました。夏休みの自由工作で、画用紙に色紙を切り貼りして、世界最高峰「ＮＷＡ世界ヘビー級」のチャンピオンベルトを作成しました。

「政治の師匠」で、泉佐野市特別顧問である、松浪健四郎先生（元衆議院議員、現在：学校法人日本体育大学理事長）は、プロレス界と深い関わりを持っています。30年以上前に、過激なプロレス評論家として、ベースボール・マガジン社の週刊プロレスに「チョークすれすれ」というコラムを連載していました。

「週刊プロレス」は、愛読書であり、発売日の水曜日（関西地区）が心待ちでした。アマチュアレスリング、元全米チャンピオンである格闘家としての視点から、歯切れよく切れ込んだコラムをよく覚えています。著書の『長州力野獣宣言』（芙蓉書房出版、１９８６年）は、愛弟子である馳浩のジャパンプロレス入団から始まります。

平成29年7月15日（日）、第67回泉佐野保護区社明大会で、文部科学大臣を歴任された、衆議院議員の馳浩先生にご講演いただきました。講演中に、推進委員長の私に声がかかり、ステージへ上がらされ、持参した「闘魂スペシャル（馳先生が出場した）」に、直筆のサインをもらった代わりに、なぜか胸板チョップの餌食になりました。「3割ぐらいに手加減した」らしいですが、しばらく息ができませんでした（笑）。

初出版本の題名は、『型破りの自治体経営』（青林堂、２０２０年）としましたが、内容の大部分は、泉佐野市の財政健全化で、プロレスでたとえると、黒いショートタイツと黒いリングシューズのストロングスタイルでした。

今回は、少しスパイスの効いた「チョークすれすれ」の内容をまとめ、派手な大技で応酬を繰り広げる、アメリカンプロレスを求めてみました。

「掟破り」は、「ルールを守らない」「戒律を破ること」という意味ですが、「常識で測れない」「人並外れた」という意味もあります。また、「掟」には、保守的なイメージがあり、あえて、それを破ることで、「時代の先駆け」を連想させます。よって本の題名を、よりインパクトが強い「掟破りの自治体改革」としました（笑）。

千代松大耕

《目　次》

第1章

なぜ千代松は嫌われるのか

2回目の市長選挙

「一体、何台、走らせてるんや？」

隣の部屋から、池端一起さんと間陽祐くんの会話が聞こえてきました。現職として迎える2回目の市長選挙は、地元校区から離れて、泉佐野市役所近くのビルで、２フロアーを借りて選挙事務所とする段取りで進めていました。公務の合間を縫っての選挙になるので、市役所近くに借りることにしました。ある休日に、その物件を下見していたときの会話でした。

平成27年1月13日（火）、相手候補は出馬表明し、それ以降、休日が来ると支援団体・組織が大規模な動員をかけて運動を展開していました。その日も市役所近くの交差点では、市役所へ向かう街宣車が来て、ビルの前を通り過ぎたと思ったら、次は市役所側から新たな街宣車がやって来る、その街宣車が一つ向こうの交差点を右手に曲がったと思ったら、すぐに左手から違う街宣車がこちらに向かってやって来る、そんな感じでした。

「気を引き締めて選挙しないと、痛い目にあうぞ」

池端さんが顔をしかめて、間くんに言いました。相手候補は、日本共産党の推薦で立候補すると表明していました。首長選挙で「現職VS共産の一騎打ち」という構図になると、現職陣営に、気の緩みが弥漫《びまん》してしまうことがあります。

大阪維新の会は、大阪都構想の住民投票を前にして、その他の政党と激しく対立していました。しかし、泉佐野市長選挙では現職の私に、大阪維新の会、自由民主党、民主党、公明党、次世代の党（のちに自民党に合流）の推薦がありましたので、優位は揺るぎないとの見方でした。

相手候補が出馬を決意した大きな理由は、

「千代松市長を無投票で当選させてはダメ、出馬要請を断れば、うしろめたさが残る」

と述べていました。しかし、表明後の相手陣営の動員や事前運動からは、「千代松のタマを取る」という凄みが伝わってきました。相手陣営の本気度と現職陣営の緩み、市長選挙を取り仕切る池端さんや間くんも、無気味な流れを感じ出していたときに、「街宣車の大軍」が襲来しました。

相手陣営のカラーは「オレンジ」で、オレンジ色のジャンバーを着た運動員が、市内を自転車で隈《くま》なくまわる、ビラを持って戸別にポスティングする光景が、各所で目につくようになりました。あわせて、38年間、泉佐野市内で小学校の教諭を務めた相手候補は、自らの教え子の家をこまめに訪問して支援を求めていると、あちこちから聞こえてきました。日増しに、無気味さが募りました。

平成27年４月19日（日）、それが拭い切れないまま告示日を迎え、選挙戦に突入しました。前回の投票日が、平成23年４月24日（日）でしたので、市長任期が、平成27年４月23日（木）まででした。

１期目最後の公務では、ラグビーのニュージーランド学生代表を泉佐野市立健康増進センターで迎えました。関西国際空港（以下：関空）に到着後、長いフライトで疲れた体をほぐすために、健康増進センターの温水プールを使わせてほしいとの依頼がありました。代表チームの監督からチームのネクタイを記念にいただき、今も大切に使っています。

4月24日（金）、25日（土）、選挙戦終盤の2日間は、市長任期が満了した後で、泉佐野市は市長不在でした。各新聞紙上における「候補者の横顔」を紹介するコーナーで、「体重が100キロを超えていたので、スーツが合わなくなり、体重を落とすために、早朝ジョギングを始めたが、体重が23キロも減って、やせすぎてスーツを買ったと苦笑い」と掲載されました。この選挙の2年前から、早朝ジョギングを始めました。

もちろん、早朝ジョギングは、今（令和3年）も続けています。毎月の目標は、200km以上走ることで、体重は何とか80キロ台を維持しています。

市議会議員選挙4回、市長選挙1回と、それまでは、最終日の土曜日、もしくはその前日の金曜日から、市内を自転車で遊説するのが恒例でした。通算6回目となる、この選挙では、初めて市内をランニングで回りました。1期目の市長任期を全うした私は、選挙期間の最終2日間、全力で市内を駆け巡り、市民に支持をうったえました。2日間の走行距離は、50kmを越えました。

このときに伴走してくれたのが、泉佐野市議会の向江英雄議員、高校先輩の田中相司さん、高校同級生のソウリ、堀場製作所の濱田宰くん、極真空手の西尾真光くんでした。相司さんは、高校生のときに、応援団の副団長でした。この本では、母校の「同志社香里高校」についても書きました。

4月26日（日）、午後8時に投票箱のフタが閉められ、午後9時からの開票、そして結果が出るのを、小中学校の先輩で、千代松事務所のスタッフ、禰宜田英治先輩の車で待機していました。

2回目の市長選挙は、禰宜田先輩が選挙の準備期間から、車での送り迎えを担当してくれました。

ある日、

「多分、次の選挙は手伝うことができない」

とありました。4年後までに、ご実家の仕事に専念されるのかと、勝手に思い込みました。

残念ながら、病気を患っていた禰宜田先輩の症状は、かなり深刻で、苦しい闘病生活を頑張りましたが、3年後の平成30年6月1日（金）に永眠されました。「次の選挙を手伝うことができない」、その言葉どおりになってしまいました。ここにあらためて、禰宜田英治先輩のご冥福をお祈り申し上げます。

統一地方選挙の後半戦では、全国の首長選挙でＮＨＫの開票速報がおこなわれました。開票が始まる午後9時から番組が始まり、テレビを眺めていましたら、全国で一番早く、私の「当確」が出ました。あわてて、選挙事務所へ向かうと、市長不在の間、職務代理者を務めてくれた松下義彦副市長（当時）が、市役所から選挙事務所へ歩いているのが見えました。

事務所内は、すでにお祝いムードで、票数が確定するまで「バンザイ」を待つ雰囲気ではありませんでした。初当選のときと同様、私の後援会「新生泉佐野をつくる会」の中務稔也会長の発声で、バンザイ三唱がおこなわれました。自分自身が何票いただいたのか、わからない状況での「バンザイ」でした。

大勢の支援者からお祝いの言葉を受けて、記念撮影などを繰り返していましたら、開票の最終結果が伝わりました。

○市長選挙結果
千代松　大耕（自民・民主・公明・次世代・大阪維新の会推薦　現　41歳）
……………1万8177票
竹崎　博一（共産推薦　新　62歳）
……………8097票

「市長、悪い。当確が早く出たわりには、票が取れてない」

池端さんが、申し訳なさそうに言いました。

「何を言ってるんですか！とても無気味な選挙でしたけど、十二分に勝たせてもらいました。本当にありがとうございました！」

心からの感謝を述べました。

4月12日（日）、統一地方選挙の前半には、大阪府議会議員選挙がおこなわれました。選挙は、大阪維新の会の松浪武久候補（元泉佐野市議会議員）と、自由民主党の鎌野博候補（前泉佐野市議会議員）の保守系同士の一騎打ちでした。

お二人とは、「南大阪振興促進議員連盟」の要望活動や行政視察を何度もご一緒してきました。兵庫県西脇市への行政視察では、３人で訪問したこともありました。このような間柄があり、とても複雑な選挙でした。

鎌野博候補は、現職の泉佐野市議会議員のまま、大阪府議会議員に立候補し、市議会議員を自動失職になりました。よって、市長選挙と同時に、市議会議員の補欠選挙もおこなわれました。破綻寸前の危機的な財政を鑑《かんが》み、補欠選挙の実施を避けざるを得ない状況で、立候補とともに自動失職した前回と違い、このときは、鎌野議員の失職から市長選挙の告示日まで、16日間ありましたので、補欠選挙が実施されました。

市区町村議会では、欠員が定数の６分の１を超えた時に補欠選挙がおこなわれます。また市区町村で首長選挙がおこなわれる場合は、選挙告示日の10日前までに欠員があれば、首長選挙と同時に、補欠選挙がおこなわれます。

２人の候補で争われた補欠選挙の結果も判明し、当選した候補の選挙事務所へお祝いを伝えに伺いました。そこでは、ＮＨＫの番組を見ていたのでしょう、

「さすが、千代松市長！全国で一番早くに当確が出ましたね」

と声をかけてくれましたが、「その割には票が取れていない」という池端さんの言葉が頭を過《よぎ》り、

はにかみ笑いで、「ありがとうございました」を返しました。

全てを終えて、帰宅した時間から、わずかな睡眠しか取れないのは、この選挙もそうでした。翌朝、南海泉佐野駅での「お礼立ち」を終え、市議会議員へご支援のお礼に伺い、午前10時に市役所に登庁するスタイルは、1回目と同じでした。

選挙管理委員会の横河僖治委員長（当時）から、当選証書を受け取り、記者の取材に応じました。ある記者から、泉佐野市長選挙が全国で最低の投票率だったと聞きました。他の記者から、投票率が低かったことに対し、「市民からの消極的信任」という言葉がありました。

千代松市政に「YESかNOか」が、選挙の大きな争点となり、私が示した財政健全化団体脱却後のまちづくりが抽象的で、明確に打ち出せていなかったことへの反省を記者たちに述べました。

相手候補を支援してきた泉佐野市職員労働組合（以下：市職労）のビラには、「33・67％という過去最低の投票率は、千代松市政への失望感の結果」「共産党の基礎票を大きく上回ったのは、独裁・暴走にストップをかけ、泉佐野市政の民主化を期待する多くの市民の声」とありました。

一方、この選挙に向けて、何度もミニ集会を開いてくれ、幅広い世代に私への支援をお願いしてくれた、泉佐野市議会の野口新一議員からは、

「投票率が前回（40・10％）と比べて、大きく下がったのに、得票数を伸ばすのは、すごいこと」

平成23年の市長選挙における得票数は、1万7866票でした。投票率が6ポイント以上も下がっている中で、311票の得票数が増えていたことに対して、野口議員から労《ねぎら》いの言葉があり

ました。

このように選挙結果に対しては、投票率、得票数などから様々な声がありましたが、

「選挙は、たとえ一票差であったとしても勝ちは勝ち。今回の選挙も十二分に勝たせてもらえた。子育て支援や定住促進などのマニフェストの実現に向けて、市長として頑張ることができる。ありがたい限り」

との思いでいっぱいで、

「遅れている住民サービスを近隣の自治体と肩を並べられるぐらいまで引き上げる」

という財政健全化団体脱却後の目標に向けて、気を引き締め直しました。

相手陣営は、ある新聞に、「得票数は予想を下回った。訴えを浸透させる時間が足りなかった」と、コメントしていました。相手陣営は「得票数はもっと伸びるだろう」と予想していました。それだけの運動を展開してきたのでしょう。「得票数は予想を下回った」という言葉から、「千代松のタマを取れなかった」口惜しさが滲《にじ》み出ていました。

ある土日では、大阪府内の支援団体を中心に、街宣車がのべ32台、総勢１８０名以上の動員があったと市職労のビラにありました。街宣車が通過したと思ったら、すぐに新たな街宣車がやって来たはずです。「千代松憎し」が前面に出すぎて、何台も街宣車を走らすことで、大きな音量による住民への迷惑を考えなかったのでしょうか。

また最終的には、大阪府内の職員団体を中心に、のべ１６００名を超える動員が、この泉佐野市

長選挙に集中していたようです。「なぜ、千代松は、ここまで嫌われるのか」、第一章では、その理由を詳しく述べてまいります。

公開討論会の開催

平成27年4月9日（木）、（公社）泉佐野青年会議所（以下：泉佐野ＪＣ）主催による「泉佐野市長選挙立候補予定者公開討論会」がエブノ泉の森小ホールで開催されました。出席者は、立候補予定の私と竹崎氏の2名でした。泉佐野市で、市長選挙の公開討論会が実施されるのは3回目でした。

２０２０年米国大統領選挙、9月29日（火）、オハイオ州クリーブランドで開かれたトランプVSバイデンの1回目の討論会は、非難合戦に終始し、「史上最も無秩序」「米国の恥」「プロレス以下の討論会」と失望されました。

さかのぼって１９６０年米国大統領選挙、ケネディVSニクソンの討論会は、米国で初めて実施されたテレビ討論会で、結果的に、両候補が何を語ったかより、テレビ上での見た目が、選挙の勝敗を左右したと言われています。

近年、日本国内では、全国各地のＪＣが中心となり、首長選挙や国政選挙の公開討論会が実施されています。泉佐野市で初めて開催されたのは、平成16年1月18日（日）、新田谷修司市長（当時）の2回目の選挙前でした。これに際して、参考としたのが、前年10月26日（日）に開催された「和泉市長選挙立候補予定者公開討論会」でした。

和泉市では、学生中心のボランティアが実行委員会を立ち上げて、公開討論会を実施しました。11月9日（日）の市長選挙には、現職で3選をめざす稲田順三市長に、新人の井坂善行氏が挑むという構図で、両名とも公開討論会に出席しました。6年後に、現職の井坂善行市長を破って、和泉市長に就任する辻宏康《つじひろみち》和泉市議会議員は、この時、実行委員会のメンバーで、学生をサポートしていました。

私にとって、「政治の師匠」が、元衆議院議員の松浪健四郎先生なら、「政治の兄貴分」は和泉市長の辻宏康氏です。辻市長の、何事に対してもストイックに打ち込む姿勢を尊敬しています。市長選挙出馬の際には、先に就任していた辻市長から、様々なアドバイスをいただきました。中務稔也会長の「新生泉佐野をつくる会」の由来は、辻市長の後援会「新生和泉をつくる会」です。

選挙の告示まで半年を切ると、1人で写る政治団体のポスターは、市内で貼れなくなります。そのため、2人で写る「2連ポスター」や3人で写る「3連ポスター」に張り替えることになります。2回目と3回目の選挙前には、辻市長に写真を提供してもらい、2連ポスターを市内に張りめぐりました。

辻市長から「ＫＩＸ泉州国際マラソン」の勝負を挑まれ、泉大津市の南出賢一市長と3人で競争したこともありました。これは「泉の3市長がガチンコ対決！」とスポーツ紙で報道されました。

平成30年2月18日（日）、「第25回ＫＩＸ泉州国際マラソン」では、3人とも完走し、1位が南出市長、2位が私、3位が辻市長と、年齢の若い順が、そのまま結果となりました。私はこのレースで「4時間2分19秒」のフルマラソン過去最高記録が出ました。

この大会では、泉佐野市が招待したモンゴル国の選手が、男女ともに優勝を果たしました。泉佐野市は、東京オリンピック・パラリンピックで、モンゴル国マラソンナショナルチームの「ホストタウン」として登録しており、この年から、ナショナルチームが市内で合宿をして、ＫＩＸ泉州国際マラソンに出場するようになりました。

「リンカーン・フォーラム方式」で、開催された和泉市の公開討論会では、立候補予定者への質問項目に、「女性管理職の登用」がありました。小泉純一郎内閣（当時）は、この年の6月に「平成32年（令和2年）までに女性管理職の割合を30％程度とする」と政府目標を打ち出しました。

新人の井坂氏は「女性管理職を一定の割合まで引き上げたい」と答えたのに対し、稲田市長は「男性であるか女性であるかではなしに、個人の実力に応じて登用する」と答え、新人、現職、それぞれの立場から応酬し合う、バチバチの火花が散った討論会が展開され、見応え、聞き応えのあるものでした。

「女性管理職30％」の目標は、令和2年時点では、10％程度と達成されていません。女性管理職の登用に関しては、「２０２０年代の可能な限り早期に30％程度とする」と先送りされました。

和泉市の公開討論会を参考にして、泉佐野市でも公開討論会を開催しようと動きましたが、このときは現職の新田谷市長が再選間違いなしの雰囲気で、「なぜ公開討論会が必要なのか」という声もありました。

全国的な流れがある中、泉佐野市でも公開討論会を根付かせたいと、賛同者を募って、泉佐野ＪＣの事業ではなく、有志のメンバーで実行委員会を立ち上げて、何とか開催に漕ぎつけました。

それから４年が経ち、新田谷市長の３回目となる平成20年の市長選挙は、対抗馬がなく、無投票になる公算が大でした。このときは公開討論会ではなく、「マニフェスト検証会」として、泉佐野ＪＣの事業で実施しました。

新田谷市長が、１期目の選挙から掲げてきた公約の達成状況を検証する場で、コーディネーターは、当該年度の理事長であった私でした。また担当は、赤坂宏委員長のまちづくり委員会でした。

「公開討論会ではないので、１時間ぐらいで終わるのかと思いましたが、しっかり２時間、千代松さんが新田谷市長の公約を検証しましたね」

後に、泉佐野市議会議員になる新田谷事務所の日根野谷和人さんに、そう言われたのを覚えています。

平成23年４月13日（水）、泉佐野市で、２回目の市長選挙公開討論会が開催されました。登壇者には、立候補予定の私もいました。私が泉佐野ＪＣの現役メンバーでしたので、りんくう花火実行委員会をはじめとする有志メンバーが中心になり、「泉佐野市長選公開討論会を実現する市民の会」を立ち上げて開催されました。

公開討論会には、３名が出席し、市財政の現状や将来の見通しなどについて議論が交わされました。財源を生み出すための具体策については「市長の退職金廃止と給料4割削減、職員給料2割削減で、年間10億円の財源を確保していく」と答えました。

最後に、アメリカ合衆国第35代大統領、J・F・ケネディの有名な演説を引用し、「私が市長に就任した泉佐野市では、泉佐野市が市民のために何が出来るかではなく、市民が泉佐野市のために何が出来るかを考える、そんなまちづくり、ひとづくりを進めたい」と締め括りました。

ここまでが前置きで、いよいよ本題に入ります。私にとって、2回目の市長選挙を前にした公開討論会当日、あるご縁から、BSフジの「ブラマヨ談話室　ニッポンどうかしてるぜ！」に出演することになりました。朝一番の飛行機で東京に向かい、収録を終えてから、とんぼ返りで泉佐野市に戻ってくるというハードな一日でした。

ブラマヨ談話室では、テーマが「外国人観光客の増加」と「少年犯罪者の再犯率上昇」で、2本（2週）の収録でした。「文化人ズ」の一人として出演しましたが、他には、社会評論家の岡田斗司夫さん、一橋大学教授の相澤英孝さん、少子化ジャーナリストの白河桃子さん、イラン人タレントのデビッド・ホセインさんがいました。

30分番組で、私が出演したのは、第28回と第30回の放映でしたが、その間の第29回は、1時間番組の特番で、元自由民主党副総裁の山崎拓先生が出演していました。テレビインタビューに答える経験はありましたが、番組出演の機会はなく、テンポよく進む番組に、ついていけずに戸惑いました。

他の出演者がコメントするときは、人の話に割って入るぐらいの厚かましさがあり、テレビ業界で生きていくための、たくましさを感じました。順番がくれば、話す時間を与えてくれる公開討論会とは、全く違うテレビ番組の雰囲気に打ちひしがれ、ドッと疲れて大阪に帰ってきた１日でした。

公開討論会では、初めての取り組みとして「クロストーク」という立候補予定者が相手に質問する時間が設けられました。竹崎氏は、平成27年７月から予定していた「窓口業務」の民間委託を批判してきました。公務員が「善」、民間を「悪」とした一方的な考え方で、法令遵守は民間企業でも当然のことですが、民間委託すると、かならず個人情報が漏洩《ろうえい》してしまうかのような論調でした。

しかし、なぜか、うまく切り返せませんでした。その私に対して、会場にいた泉佐野市内のある中学校の元校長が「ニタ～」と嫌味な笑いを浮かべたのが、目に入りました。

会場には、両陣営の支援者が多く、檀上からは、来場者の顔がはっきりと認識できました。その元校長は、竹崎氏を支援していたのかはわからなかったのですが、その嫌味な笑いで、私を支援する側でないのが、はっきりと感じ取れました。

私が泉佐野市議会で、厚生文教委員長を務めていたとき、市内の小学校13校、中学校５校の視察を実施しました。平成25年６月から11月まで約半年間をかけて、全ての小中学校を回りましたので、この年の教育委員会は、とても慌ただしかったと思います。

ある中学校で生徒たちが、「暑い～暑い～」と授業中に騒いでいるクラスがありました。そのクラスの１人が、私が柔道で通っていた「心明館」の道場生であり、後ほど、その生徒から聞いたのですが、「市議会議員が視察に来るから、みんなで暑い、暑いと言ったら、教室に扇風機付けてくれるぞ」と、教師が生徒たちを焚きつけたそうです。それには、その中学校の校長も関与していたと聞きました。

「今日は、市議会議員の視察があるから、普段よりもきちんとするように」と、本来ならば指導すべきところ、とまでは言いません。しかし「暑い～暑い～」と騒がした、あまりにも議会の常任委員会視察を軽く見た対応に、「いかがなものか」と教育委員会に、厚生文教委員長として苦言しました。後日、校長から謝罪文がありましたが、そのときの校長が会場にいた元校長でした。だから、よく目に入りました。

また、竹崎氏は「犬税の導入に、5000万円も費やすのはおかしい」と批判してきました。「犬税に5000万円」は、この公開討論会だけではなく、相手陣営のビラや街宣車で、かなり強調して批判を繰り返していました。

大阪府は、令和2年1月からペット業者の飼育数を調査するアンケートを実施しましたが、泉佐野市では、市内の全戸を訪問して、飼育されている犬猫の頭数を把握するための無記名アンケートと、適正飼養のための啓発パンフレットを配布する事業を実施したことがありました。それについての批判でした。

これは、失業者救済が目的である「緊急雇用創出事業（以下：緊急雇用）」の環境美化保全対策事業として実施しました。委託先の事業者が、新規に雇用し、雇われた人たちが、泉佐野市内の全戸訪問をおこなう事業でした。平成25年12月議会に補正予算として計上し、平成26年3月末までに実施しました。

　日本では60年近く、狂犬病は発症されていません。しかし世界では、毎年約5万人の死者があり、一度発症するとほぼ死に至るウイルス感染症です。国内では狂犬予防法に基づいて、犬の飼い主は、地方自治体に「飼い犬登録」をし、その証明として犬鑑札（注射済票）を首輪などに付けて、毎年1回の予防接種を飼い犬に受けさせる義務があります。

　地方自治体への登録料には、一匹３０００円、犬鑑札には５５０円、予防接種には３０００円前後の負担が必要です。ちなみに、泉佐野市では「集合注射」も採用していて、飼い主、飼い犬に集まってもらい、そこまで獣医が出向いて予防接種します。その集合注射の料金が1回２７００円です。

「飼い犬登録」は、平成7年以降、飼い始めて30日以内の登録1回でよくなり、2年目以降の登録は必要なくなりました。登録が毎年でなくなり、それに連れて、毎年の義務がある予防接種の件数が年々減少しています。よって、泉佐野市が把握している飼い犬の頭数と、実際の頭数では乖離が生じていましたので、全戸訪問で調査しました。

　動物愛護法の改正により、令和4年から飼い犬にマイクロチップの装着が義務づけられましたので、飼い犬登録と予防接種の増加が期待されています。しかし、この事業を実施した平成25年ごろでは、飼い犬登録と予防接種には明確な対策が打ち出されていませんでした。

事業費は5111万円でしたが、これは緊急雇用で実施しましたので、全額が、「大阪府緊急雇用創出基金」から出ました。この基金の原資は、国から交付されていました。市の一般財源を使わずに、大阪府の基金から出されるお金で、全額が賄《まかな》われる事業でした。

補正予算に反対した議員は「回り回って我々の税金だ」という主張をしましたが、市の一般財源を極力おさえ、国や府の補助事業を有効活用するのは、この事業だけではありません。とりわけ、財政が厳しかった泉佐野市では、緊急雇用を最大限活用していた時期でした。

このことを公開討論会でも持ち出してきたので、私はこの事業について「市の独自財源ではなく、全額補助金で賄われている事業だ」と説明しました。そしたら私の支援者からも「へえ〜、そうだったのか」と、初めて知ったような驚きの声が上がりました。

市長に就任して4年間、私を批判する人たちの「言葉のつまみ食い」には慣れていましたので、それに対して一々反論をしませんでした。しかし、「あたかも市の財源から犬税に5000万円」という相手陣営のデマゴーグに、私の支援者も惑わされていたみたいで、このときは、きちんと反論して、説明しておけばよかったと、後悔しました。

私が「これは全額補助金で事業を実施している」と反論したときに、竹崎氏は財源の内訳までは理解していなかったようで、私に対してのさらなる反論はありませんでした。

私からは、竹崎氏が公約として掲げる施策に対し、

「それらの財源はどのように捻出するのか？」

と質問しました。返ってきた答えは、

「職員と相談する」

でした。職員と相談しただけで、新しい施策の財源を捻出できるのなら、誰も苦労しません。呆気にとられました。初めての「クロストーク」には、私自身、若干の戸惑いが生じてしまいましたが、討論会の中身としては、より内容の深いものになったと思いました。

「犬税に５０００万円」ですが、仮に緊急雇用ではなく、財政状況が厳しい泉佐野市の一般財源で、５０００万円も費やすのであるならば、とても議会の承認をいただくことはできません。言葉をつまみ食いして吹聴するのは、承認した議会に対しても、失礼でありました。

その他にも、竹崎氏を支援する団体の代表が、

「千代松市長が、犬税導入準備に使った５０００万円を住民のために使えば、地域経済に大きな効果を波及させることができた。たとえば、住宅リフォーム制度を創設すれば、耐震住宅対策にもなる」

と批判していました。緊急雇用は、民間事業者による提案で、新しい雇用を生み出し、そこから得られる事業の副産物が、自治体にとっての事業効果になりました。例えば「プロモーション動画の制作」で、新しく人を雇い入れ、プロモーション動画が完成し、それを自治体が活用する、というスキームでした。

個人がおこなう「家の改修」に対して補助金を出すような住宅リフォーム制度に、緊急雇用は当

てはまりません。別の集会で、同じ人が、

「犬税に5000万円も使うのであるならば、商店街の空き店舗利用を」

と主張していました。緊急雇用は、単年度で完了する短期的な事業で新規雇用を生み出すことが基本にありました。「空き店舗利用」のような一定期間が必要な事業を制度的に想定していません。

このように「犬税に5000万円」と結び付けての批判が多くありました。住宅リフォーム制度への適用などは、制度的に無理なことを、ともに活動している某政党議員がきちんと説明すべきでした。それとも制度を正確に理解していなかったのでしょうか。次は、この節で出てきた「犬税」について、述べてまいります。

犬税導入の顛末

平成24年6月議会で、中藤大助議員の質問に対して、

「犬のフン放置などは、昨年の環境美化条例に罰則規定を盛り込んだだけでは、まだまだ弱いと思う。とにかく、犬のフンの後始末をしないのは、本当にいかがなものかと考える。徹底的に取り締まりを強化したい。そして、また啓発活動も十二分におこないたいと考えている。

一方、取り締まりなどをおこなう財源をどこから調達するのかと考えたときに、駅前の迷惑駐輪の取り締まりなどでは、保管手数料の値上げをすることもできたが、このペットの問題には、啓発

強化に関しても人件費などがかかってくる。

昭和30年代から全国的に２７００ぐらいの自治体が課税していた犬税があった。昭和57年で廃止されたが、この犬税の導入、泉佐野市では導入の実績はないが、犬税を法定外目的税として導入することを念頭に入れながら、財源確保を図っていく、取り締まり等の対策を強化していくことなどを考えている。

犬のフンの問題が長く改善されない状況では、何か新しいことを考えなければならない。巡回員みたいな監視の人員を配置して、徹底的に啓発活動や取り締まりを強化したい。その財源は、先ほどの犬税も念頭に置いて考える必要がある」

と「犬税の導入」を検討していることを表明しました。この答弁内容は、泉州弁を修正して文章化していますので、実際の答弁内容とは若干違っているのをご容赦ください。

答弁にもありますが、昭和30年度には、全国で２６８６団体が犬の飼い主に課税をしていました。当時は、犬を飼える富裕層に対する「ぜいたく税」としての一面が強くありました。それが徐々に減少し、昭和57年3月に長野県四賀村（現在：松本市）が廃止したのを最後になくなっていました。四賀村は一匹３００円を課税していました。

答弁の中で「何か新しいことを考えていかなければならない」と言いつつも、全国で大多数の自治体が、過去に課税していた「犬税の導入を検討し始めた」では、とりわけ大きなニュースにはならないと思いました。しかし検討を始めただけの話が、結果として、全国的な報道になってしまいました（汗）。

平成24年4月11日（水）、法定外普通税の「空港連絡橋利用税」導入に、総務大臣が同意し、それに「犬税」が続きましたので、注目が集まりました。法定外税とは、地方税法に定められている項目以外に、地方自治体が条例で定める税です。新設するには、総務大臣との協議、総務大臣の同意が必要です。

法定外税には使途が定められないで徴収される、空港連絡橋利用税のような「普通税」、また使途が定められて徴収される「目的税」があり、犬税は、フン放置などの取締りや啓発に活用するので、「法定外目的税」を想定しました。

泉佐野市では、平成23年9月議会で「環境美化推進条例」を改正し、タバコのポイ捨てとあわせて、犬のフンを放置した飼い主からも1000円を過料として徴収する罰則規定を設けました。しかし徴収実績はゼロで、市民からは犬のフン放置に対しての苦情が、平成23年度に約30件寄せられていました。人員を増強してのさらなる対策が必要で、そのための財源として検討したのが、犬税の導入でした。

これには「フンをきちんと処理している飼い主からも税金を徴収するのは不公平」「課税したら、フンの処理は市役所の仕事になり、誰もフンの処理をしなくなる」「登録していない飼い犬はどうするのか」「犬だけでなく、猫はどうするのか」などなど、とても多くの非難が、全国の愛犬家から起こりました。

一方、NPO法人日本愛犬家協会の会長は、

「飼い主にとって犬がかわいいのはわかるが、誰もが、その犬をかわいいと思うわけではない。最近は鳴き声のトラブルも増えているが、これもきちんと躾《しつけ》をすれば良いだけなのに、それを怠っている。税を導入するなら、飼い主の啓蒙活動に役立ててほしい」

と犬税の導入に、一定の理解を示してくれました。

マスコミからは、「泉佐野市長、フン害に憤慨《ふんがい》！」など、数多く取り上げられました。「関空に一番近いまち」泉佐野市には、海外から多くのインバウンドが訪れるようになってきた時期で、世界の人々に誇れる「美しいまち」にしたいとの思いが強くありました。その気持ちは、もちろん現在も変わっていません。

導入を検討すると公表したものの、2年間をかけて啓発をおこなった後に、フンの放置状況を見極めて判断するとし、改善されれば導入は見送ることにしました。また犬税を導入した場合も、税を支払う飼い主たちの理解を得るために、モラル向上に向けた教室や、飼い犬を守るための野良犬対策にも予算を回すつもりでした。

平成24年9月19日（水）、犬のフン放置防止を呼びかける啓発活動と、清掃活動をスタートしました。「ペットのフンを道路や公園に放置することは条例で禁止されています。フンの後始末は責任を持ってしてください」と軽トラックのスピーカーで流しながら、道ばたに放置されたフンやゴミを拾って回ります。

この事業は、（公社）泉佐野市シルバー人材センターに委託しました。現在、シルバー人材センターの理事長は、松浪啓一先生です。日本体育大学の理事長である松浪健四郎先生の長兄で、大阪府議会の松浪武久議員のお父さんです。松浪啓一先生は、泉佐野市議会議員を3期、大阪府議会議員を3期務められました。

シルバー人材センターの会員4人が週3日、市内各地で朝と夕方に啓発・清掃活動をおこないました。犬のフン回収は1ヵ月間で、約１４００箇所にものぼりました。啓発・清掃活動を続けても、回収箇所は減少するどころか、平成24年12月は、なんと１７００箇所を越えて増加していました。

「これは啓発の効果が出ていない。ダメだ」と思い、新年度（平成25年度）予算に、犬税導入に向けた検討会を立ち上げる予算を計上しました。

「フンを回収しながら市内を回ったら、市役所がフンを回収してくれると飼い主は思うので逆効果だ」という意見がありました。それを受けて、平成25年2月22日（金）からは、フンの放置箇所に「イエローカード」を置く取り組みを実施しました。

全国的に、イエローカードの導入例はありましたが、自治会などのボランティア活動としての取り組みで、行政が委託事業で実施するのは、泉佐野市が初めてでした。

イエローカードは、黄色の紙を透明のシートで覆い、「フンの放置は条例違反です！」と表示しています。これは、犬が同じ場所にフンをする習性を逆手にとって、再びした場合に、イエローカードによって、飼い主に放置を思いとどませようとする取り組みです。

あわせて、平成25年7月から、「環境美化推進条例」に基づいて、「犬のフン放置」に対し、過料1000円の徴収を開始しました。環境美化推進条例では、平成24年1月から過料徴収ができるように条例を改正していましたが、実際に過料徴収する仕組みがなく、徴収実績はありませんでした。過料を徴収する「環境巡視員」として、大阪府警ＯＢ２名を採用する人件費が、平成25年6月議会の補正予算で承認されました。この環境巡視員2名による巡回を7月10日（水）から始めました。週5日の巡回で、午前8時から午後2時、もしくは正午から午後6時の2パターンでした。フン放置の現場を発見し、環境巡視員が注意をすれば、飼い主から、

「近づいたらアカンで。この犬噛みつくで」

「自然に戻って肥やしになるからええやん」

「証拠はあるんか。ＤＮＡ鑑定してみるか」

「文句あるんやったら、アンタがフン食べや」

「ここは俺の庭みたいな場所や。何を偉そうに言うんや」


などなど、メチャクチャな言葉があったみたいです（悲）。

そんな居直りにも負けず、環境巡視員の地道な取り組みで、平成25年1月に、1736箇所あったフンの放置箇所が、環境巡視員を投入した直後の平成25年8月では、424箇所まで減少しました。

イエローカードや環境巡視員の導入などは一定の効果があり、フンの放置は大幅に減少しました。

そして平成25年10月から、フンの放置に対して過料を5000円に引き上げるなど、対策を強化し、マナー向上につなげればと、「犬の特別住民認定書」の交付も開始しました。

しかし、さらに減少させる手立てにはならず、やむを得ず、犬税の導入に向けて、制度の具体的内容を議論する検討委員会を設置する経費23万円を、平成25年12月議会に補正予算で上程しました。あわせて計上したのが、後に「犬税に5000万円」と強く批判された全戸調査の緊急雇用でした。

平成26年2月28日（金）、第1回目の「犬税検討委員会」を開催しました。委員会は、獣医学や税の学識経験者、弁護士や市民代表の委員8人で構成され、委員長には、大阪観光大学の中尾清教授（当時：現在は泉佐野市特別顧問）が選任されました。

「飼い犬の実数を把握するのは難しいのでは？」

「ペットは犬だけでなく猫もいる。公平性に欠けるのでは？」

「徴収コストなども含めて検討すべき」

「放置フン対策は罰則を強化すればいいだろう」

などなど、犬1匹に2000円の「犬税」を想定した委員会は、1回目の会合から厳しい意見が多く出ました。

平成26年5月21日（水）、2回目の委員会では、犬税の徴収費用が、税収よりも大きく上回る可能性が出され、「導入は困難」と答申案を出す方向がまとまりました。

イエローカードの設置や環境巡視員のフン対策に加え、徴税システムの構築、担当する職員の人件費などで、初年度は1600万円以上の赤字が生じ、それ以降も赤字が続くという試算でした。また実際の飼養頭数と、狂犬病予防法に基づいた登録頭数とは、かなりの差がありました。

平成26年2月から3月にかけて実施した全戸調査による推計は、8911匹となりました。しかし登録数は、5232匹と、全体の6割に満たない数でした。犬税を徴収するのは飼い犬を登録した人からで、公平性が担保できないことも理由の一つでした。

平成26年7月23日（水）、3回目の委員会では、「導入は困難」とする最終意見で一致し、検討結果がまとまりました。7月30日（水）に、犬税検討委員会の中尾委員長から答申を受け、「検討委員会の答申を尊重し、犬税の導入を断念する」と正式発表しました。

以上が「犬税」をめぐっての顛末《てんまつ》です。廃止された税を復活させるという「掟破り」は、断念しましたが、過料を5000円から「1万円」に引き上げ、環境巡視員も4名に増やすなど、対策は、それ以降も強化しました。

平成26年3月議会には、市民の動物に対する愛護精神の高揚および公衆衛生の向上に資することを目的として、「泉佐野市動物適正飼養条例」を上程し、可決されました。平成26年12月議会には、1匹あたり5000円の「犬猫の不妊・去勢手術費助成」の補正予算も承認されました。

ある先輩が、

「犬の散歩で、以前やったら、フンを放置したときもあったけど、今は千代松の怒った顔が、頭の中に出てくるので、きちんとフンを片付けるようになった」

と言っていました。

結果として断念しましたが、犬税の導入を検討することによって、全国的にも大きく取り上げられましたので、市内における啓発の効果は大いにあったものと考えます。令和3年2月の1ヵ月間、イエローカード設置は256箇所、フン回収は275箇所あり、根絶までには、まだまだ遠い道のりですが、これまでの成果は確実に出ていると思いますし、引き続き、国際空港のある玄関都市としての、美しいまちづくりに力を入れたいと考えています。

この節の最後に、地域情報誌「おかあさんとちょっと」（平成26年10月号）の特別企画に掲載された「私の心に残る一冊」を紹介します。

「犬から聞いた素敵な話」　涙あふれる14の物語　山口花著

泉佐野市長　千代松大耕

本との出会いは題名が全てでした。構成は短篇で「飼い主から愛犬へ」のメッセージが7作品、「愛犬から飼い主へ」のメッセージが7作品です。

家族間、夫婦間において愛犬が果たした役割、愛犬によっていじめを克服できた話、そして愛犬との辛い別れなどが綴られているのが「飼い主から愛犬へ」です。盲導犬が飼い主と引き裂かれるときの想い、セラピー犬としての使命感、犬の譲渡会に参加しても引き取られない犬の気持ちなどが綴られたのが「愛犬から飼い主へ」です。14作品を飼い主側、愛犬側からそれぞれ読みましたが、14作品とも深いドラマがあり、愛犬が飼い主の人生そのものに深く入り込んでいました。

泉佐野市内にも約８０００頭の犬が飼われていると予想されていますが、それぞれの「飼い主と愛犬」には８０００通りの愛すべきドラマがあるのでしょう。作中における譲渡会施設の高橋さんの「犬はたくさんのよろこびとしあわせをもたらしてくれる生き物です。だけど、それと同じくらい多くの責任も生じます」という言葉がとても印象に残りました。泉佐野市内の「飼い主」には「愛犬」が自身だけではなく、誰からも「愛される犬」となるように責任を持って飼っていただきたいと願います。

一生犬鳴！イヌナキン！

「イヌナキンは、はっきり申しまして、市民には全く人気がない！そんな評判を気にとめることもせず、イヌナキンが参加するイベントなどへの経費は市民不在の浪費だ！」

某政党議員の反対討論の一部です。

「気持ちの悪いイヌナキンが市のシンボルでは困る！」

市職労のビラから抜粋しました。

泉佐野市公式キャラクター「一生犬鳴！イヌナキン！」は、応募４４４通の中から、キン肉マンの原作者「ゆでたまご」先生にリライト、つまり仕上げていただきました。泉佐野市の東部にある「犬鳴山《いぬなきさん》」をモチーフにしたキャラクターで、犬鳴山に伝わる義犬伝説の末裔《まつえい》という設定です。

イヌナキンの年齢は20歳。温泉好きで、腰には泉州タオルを巻いているというスタイルです。筋骨隆々とした体に、「犬」の字の入ったマスク、手には錫杖《しゃくじょう》を持っています。ここの「一生犬鳴」は「いっしょうけんめい」と読みます。義犬伝説とは、

「猟師が狩りをしていたとき、連れていた犬が突然、激しく鳴き出し、猟師が射ようとしていた鹿が逃げてしまいました。とても怒った猟師は、その犬の首を刎《は》ねました。刎ねられた首は飛び上がり、猟師を狙っていた大蛇に噛み付きました。犬は、主人が大蛇に狙われていたので、気づかせようと鳴き出したのでした。愛犬に救われたと気付いた猟師は、これを悔いて七宝瀧寺《しっぽうりゅうじ》の僧となって愛犬を供養しました」

この義犬伝説を聞いた宇多天皇《うだてんのう》はとても感動し、七宝瀧寺へ「山号を犬鳴山と改めよ」と、勅号を賜りました。「犬鳴山」の由来です。

「七宝瀧寺」は、真言宗犬鳴派大本山で、西暦661年に、修験道の開祖とされる、役小角（役行者）によって、大峰山が開かれる6年前に開山しました。平安時代に、大干ばつに見舞われ、雨乞いを祈願したら、雨が降りました。それを知った淳和天皇が「七宝瀧寺」と名付けました。

この「犬鳴山七宝瀧寺」は、令和2年6月に、「葛城修験~里人とともに守り伝える修験道はじまりの地」というストーリーで、「日本遺産」に認定されました。和歌山県、大阪府、奈良県と1

府2県にまたがるシリアル型（広域）です。葛城修験の根本道場がある七宝瀧寺は、ストーリーの中心的な存在であります。

実は、私も泉佐野市のイメージキャラクター募集に「シュゲンジャー」というキャラクターで応募しました。修験者と「バッファローマン」を掛け合わせたようなキャラクターで、我ながら自信はありましたが、見事落選しました。しかし、平成25年2月16日（土）、「イヌナキン発表会」で、ゆでたまごの嶋田隆司先生から、私も応募していたことの紹介がありました（笑）。

また犬鳴山には、大阪府下で唯一の温泉郷「犬鳴山温泉《いぬなきやま》」があり、泉佐野市を代表する観光地になっています。温泉地では、年間を通じて様々な催しを、観光協会が開催してきました。毎年、夏には犬鳴山の渓流で「金魚の放流」を実施しています。

しかし、平成28年7月に、この催しが「金魚の放流は、生態系に影響を与える」とネットで炎上となり、マスコミに大きく取り上げられました。そのことで、2回おこなう「金魚の放流」の1回目は中止となり、2回目は下流に網を張って金魚が流出しない対策を取って実施しました。

30年以上続いてきた催しが、思わぬところで全国的に取り上げられましたが、その年以降も続けています。ここ数年は、特産品相互取扱協定を締結している山口県柳井市の特産品「金魚ちょうちん」を飾り付けて、夏の山間における心地よさを、より一層醸し出しています。

ちなみに、令和2年2月に公開されたホラー映画「犬鳴村《いぬなきむら》」と犬鳴山は、全く関係ありませんが、映画に出てきた「犬鳴峠」と同じ呼称で呼ばれている道路が犬鳴山にもあります。

地方自治体のキャラクターは、「ゆるい」のが大半ですが、犬鳴山をモチーフにした「一生犬鳴！イヌナキン」は、キン肉マンの原作者、ゆでたまご先生が仕上げただけあり、「ゆるくない」筋骨隆々の「掟破り」のキャラクターです。

だから私を嫌う人たちからは、「全く人気がない」「気持ち悪い」などの批判が、イヌナキンに対しても出ます。「全く人気がない」「気持ち悪い」は言い過ぎだと思いますが、確かに、イヌナキンを見たお子さんが、泣き出したことは、何度かありました。

令和元年に、誕生40周年をむかえた「キン肉マン」は、昭和54年から連載が始まり、昭和62年まで、週刊少年ジャンプで連載されていました。ジャンプでの連載終了後、平成10年から平成23年までは「キン肉マンⅡ世」が、週刊プレイボーイで連載されました。

その後、キン肉マンが、週刊プレイボーイＮＥＷＳでのＷＥＢ連載として復活しました。令和2年8月からは、週刊プレイボーイでも連載され、現在は、誌面とＷＥＢの両方で掲載されています。

令和2年は、週刊少年ジャンプに連載されていた「鬼滅の刃」が大ヒットしました。単行本の累計発行部数では、1億2０００万部（電子版を含む）を越え、劇場版映画では、「千と千尋の神隠し」の３１６億８０００万円を抜き、興行収入で歴代第一位になりました。

単行本最終巻が発売された12月4日付の5大新聞朝刊で、作者のメッセージと3キャラクターが1ページずつの各4面に掲載されました。5紙でそれぞれ異なる15の主要キャラクターが登場した新聞広告は圧巻でした。まさに社会現象となりました。

しかし、団塊ジュニアや第2次ベビーブーム世代と呼ばれる私たちにとりましては、「キン肉マン」が連載されていた、昭和50年代から60年代こそが、週刊少年ジャンプの黄金期であったと考えています。

「キャプテン翼」「ウイングマン」「北斗の拳」「よろしくメカドック」「ハイスクール！奇面組」「ドラゴンボール」「銀牙―流れ星銀―」「聖闘士星矢」「シティハンター」「ついでにとんちんかん」「魁!!男塾」と、アニメ化された作品だけでも、枚挙にいとまがありません。

そんな中、一早くアニメ化されたのがキン肉マンで、昭和58年4月から始まり、昭和61年10月まで、全１３７話が放映されました。また平成３年10月から平成４年９月までは「キン肉星王位争奪編」がアニメ化されました。プロレス少年だった私が、キン肉マンにハマったのは自然の流れでした。

キン肉マンの原作者、ゆでたまご先生に、泉佐野市のキャラクターを仕上げていただくことになったきっかけは、日本体育大学の理事長である松浪健四郎先生でした。ゆでたまご先生は、作品を創る際に、実際に筋肉がどのように動くのか、日体大の相撲部などで、よくスケッチされていました。それを泉佐野市特別顧問である松浪健四郎先生から聞きましたので、泉佐野市のキャラクター作りにご協力をお願いしました。

イヌナキン発表会の懇談で、

「キン肉マンで一番印象に残った場面は？」

と嶋田先生からありました。

「7人の悪魔超人編、ロビンマスクとアトランティスの試合です。池から先に、ロビンが上がり、ロビンが勝ったと思いましたが、実は、ロビンのマスクを剥ぎ取ったアトランティスだったという場面は、幼心にとてもショックでした」

と答えました。シュゲンジャーこそ、バッファローマンをモチーフにして作成しましたが、私は「ロビンマスク」の大ファンで、上手下手は抜きにして、今でもロビンマスクを、〝そら〟で描くことができます。

熊本県の「くまもん」が、ゆるキャラグランプリを制し、まさに、ゆるキャラの全盛期に、掟破りの「ゆるくない」キャラクターの登場は、注目を集めました。初仕事は、平成25年3月9日（土）・10日（日）に実施した、羽田空港での観光プロモーションでした。現在（令和3年）は、コロナ禍で休止中ですが、全国各地で、泉佐野市のPRのために頑張ってきました。

悪名高い「犬税に5000万円」と同じ、緊急雇用を活用して、イヌナキンの着ぐるみに入る人材（アクター）を養成しました。イベントへの参加が多くなり、市職員では対応仕切れなくなってきたため、委託した事業所が、新たに「3人」を1年間雇い入れ、専門的なトレーニングを積んで、イヌナキンに入ってもらいました。

養成したアクターと、ここでも緊急雇用を活用して、実写版「一生犬鳴！GO！GO！イヌナキン」の放映を、平成26年4月11日からケーブルテレビで開始しました。

第1章「マイクを奪還せよ編（全4話）」、第2章「安眠を守れ編（全4話）」、第3章「燃えよ！イヌナキン編（全5話）」から成ります。手前味噌ではありますが、クオリティはしっかりしています。

同様に、緊急雇用で、イヌナキンをプロレスデビューさせました。タイガーマスクがアニメの世界から飛び出し、本物のリングに登場したように、イヌナキンを「リアル・イヌナキン」としてデビューさせました。

平成26年5月5日（月）、犬鳴山七宝瀧寺の不動明王像前広場特設リングで、沖縄プロレスのスペル・デルフィン（現在：和泉市議会議員）とのタッグで、空牙・ゾンビーストの道頓堀プロレスコンビと対戦し、見事に、リアル・イヌナキンがフォール勝ちをおさめました。リアル・イヌナキンは、現在も「道頓堀プロレス」のレスラーとして、たまに活躍しています。

そして、イヌナキンは、人気キャラクター（以下：キャラ）を多く世に送り出した、ご当地キャラ日本一決定戦「ゆるキャラグランプリ（以下：ゆるキャラGP）」に参戦しました。「ゆるくないキャラ」が、ゆるキャラ日本一をめざしたのですから、まさに「掟破り」です。

歴代グランプリキャラと開催地、イヌナキンの順位は、

平成23年「くまモン」　熊本県　（イヌナキン誕生前）
平成24年「バリィさん」　愛媛県今治市　（イヌナキン誕生前）

平成25年「さのまる」　栃木県佐野市　イヌナキン　２０１位
平成26年「ぐんまちゃん」　群馬県　イヌナキン　95位
平成27年「出世大名家康くん」　静岡県浜松市　イヌナキン　１２８位
平成28年「しんじょう君」　高知県須崎市　イヌナキン　１０４位
平成29年「うなりくん」　千葉県成田市　イヌナキン　38位

という結果で、上位へのランクインができませんでした。平成29年までの歴代グランプリキャラで、「くまもん」「ぐんまちゃん」「家康くん」は、県もしくは政令指定都市のキャラですが、その他の4体は、一般市のキャラです。

その中で、「しんじょう君」の須崎市以外の今治市、佐野市、成田市の3市は、泉佐野市にとって、実は深い因縁があります。

まずは、バリィさんの「今治市」ですが、泉佐野市とは、同じ国産タオルの産地として、海外からの輸入が増える中、時には協調しつつも、一方では、しのぎを削ってきた間柄です。全国的に「今治タオル」のブランドは浸透していますが、実は、日本でタオルが作られた最初の場所は、泉佐野市でした。

イヌナキンは腰に泉州タオルを巻いています。当初、国内生産量1位は、泉佐野市でしたが、今治市に追い抜かれ、長年、2位のままです。外国産のタオルが、年々シェアを拡大する中、国内の産地は厳しい状況ですが、泉佐野市民に「特産品は何？」と聞けば、「泉州タオル」は必ず挙がります。

次に「さのまる」の佐野市ですが、佐野町から市制を施行した泉佐野市は、当初「佐野市」と市名を決めました。しかし、その5年前から、すでに「佐野市」が存在していたことから、泉州の「泉」を冠に付けて「泉佐野市」としました。

このご縁から、何か交流できればと思い、佐野市の岡部正英市長（当時）に申し出たところ、話は進み、平成27年11月12日（木）に「特産品相互取扱協定」を締結しました。それぞれの特産品を地元のものと同様に扱っていくという協定は、その後、44都道府県47自治体まで拡大しています。

最後に「うなりくん」の「成田市」ですが、ご存じのとおり、成田市域には「成田国際空港」があり、泉佐野市域には関空があります。泉佐野市にとって、「日本の玄関口」が立地する成田市は、常に意識してきた存在です。

バブルが崩壊した後の平成6年に開港した関空は、平成12年まで順調に旅客者数を増やしましたが、平成13年にアメリカで発生した「9・11同時多発テロ」以降、旅客者数は伸び悩み、平成20年のリーマンショック、平成23年の東日本大震災で、大きくマイナスの影響を受けました。

しかし、LCCの就航、ビザの緩和、円安の進行などが重なり、その後はV字回復を遂げて、ここ数年、過去最高の数字を更新していました。２０１９年の暦年では、総旅客者数が３０００万人を初めて突破し、「成田空港の背中がようやく見えてきた」ところでコロナ禍でした。

県や政令指定都市のキャラは抜きにして、一般市の4自治体のうち、今治市、佐野市、成田市と、泉佐野市からすれば「タオル・市名・国際空港」と、実に深い因縁がある自治体のキャラが、それぞれグランプリを獲得してきたのですから、「次は、泉佐野市の番！」と、平成30年の東大阪大会から、本気でグランプリを狙いました。

やはり、ゆるキャラGPには「ゆるさ」も必要だと、平成30年の夏に、イヌナキンの分身として「ゆるナキン」を誕生させました。イヌナキンは筋骨隆々で、腹筋も割れています。それを「ゆるく」しましたので、どうしても、ゆるナキンの腹筋が「ぜい肉」に見えてしまいます（笑）。イヌナキン&ゆるナキンのタッグで大会に臨みました。結果、

平成30年「カパル」　　埼玉県志木市　イヌナキン　　4位

と、あと一歩のところで、3位までの表彰式を逃しました。「次こそ！」とのぞんだ、令和元年の長野大会では、

令和元年「アルクマ」　　長野県　　イヌナキン　　2位

残念ながら、グランプリには届きませんでしたが、準グランプリで表彰式に、初めて残ることが

できました。

「くまもん」を筆頭に、人気キャラを世に送り出してきた、ゆるキャラGPですが、ゆるキャラの普及とPRという役割を終えたと、令和2年の岩手県滝沢市の大会を最後に、終了することが決まっていました。

その最後の大会に、前年準グランプリに輝いた「イヌナキン」ではなく、イヌナキンの分身「ゆるナキン」単体で、表彰式をめざすことにしました。コロナ禍で、イベントが10件以上もキャンセルになり、思うようなキャンペーンは、かないませんでしたが、インターネット投票で2位につけ、令和2年10月3日（土）、4日（日）の決戦大会では、

令和2年　「たかたのゆめちゃん」　岩手県陸前高田市　　ゆるナキン　　2位

ゆるナキンは初出場でしたが、自治体として、2年連続準グランプリの栄冠でした。私も表彰式まで残り、ゆるナキンのアテンドとして、初めて表彰式のステージに上がりました。

「昨年はイヌナキンで銀、今年はゆるナキンでも銀、本当にありがとうございました！」と、「田村で金、谷でも金」の、シドニー・アテネ五輪の女子柔道48kg級金メダリスト、谷亮子さんをイメージに、お礼の言葉を発しました。しかし会場にいた元関西学生レスリングチャンピオン、高校大学の先輩、泉佐野笑顔の会メンバー、川村嘉裕先輩の心には響かなかったみたいです。

表彰式では、実行委員会の西秀一郎会長から「今年も泉佐野市が盛り上げてくれた」の言葉がありました。その一言は、ゆるキャラGP出場8回、2年連続準グランプリと、担当職員たちの頑張りを伝えてくれるものでもありました。

「ゆでたまご」の嶋田先生に、平成28年と平成30年の2度に渡り、ゆるキャラGP開催期間、街頭キャラバンや記念講演会などで、イヌナキンへの応援を呼びかけていただきました。「キン肉マン40周年」では、泉佐野市制70周年とのコラボ企画で、イヌナキンとキン肉マンのタッグによる特別ラッピングの特急電車「ラピート」を南海電車で走らせました。

全国各地で開催されてきた決戦大会には、平成26年の中部国際空港大会から、木村和也会長、久保奥功副会長、小籔晋介副会長、岩谷心さん、三好仁さん、東まゆみさんなど「泉佐野笑顔の会」メンバーが、会場まで応援にかけつけてくれました。忙しい中、時間をいただき、とても感謝しています。

長野大会と岩手大会に、「泉佐野バーガー」で出店した「ｍｏｔｏ」さんから、イヌナキンに投票した人たちへ、泉佐野バーガー割引のご協力がありました。誠にありがとうございました。

今治市とタオルの関係、佐野市と市名の関係、成田市と国際空港の関係で、これまで2番手に甘んじてきた泉佐野市は、ゆるキャラGPでも2番手に甘んじることになりました。しかし、イヌナキン＆ゆるナキンで2年連続準グランプリは、十二分な結果であります。

「全く人気のない」「気持ち悪い」と、心ない言葉で罵《ののし》られたイヌナキンでしたが、多くの関係者による、これまでのご支援とご協力のおかげで、ゆるキャラGPをはじめ、全国的な活動や、緊急雇用を活用した取り組みで知名度が上がり、今や、泉佐野市公式キャラクターとして、不動の地位を築きました。

「犬税」で名を馳せ、歴史と伝統のある犬鳴山をモチーフにした公式キャラクター「イヌナキン」が活躍する泉佐野市。あわせて、食品コンビナート内には、ドギーマンハヤシの犬を模《かたど》った物流倉庫があります。これは、世界最大の「ダックスフンド」かもしれないと、海外からのインバウンドが、バス車内から撮影するぐらいです。

チーム泉佐野創生の大和屋貴彦議員が、「泉佐野市の地図を見ていますと、見ようによっては、犬に見えますよ」と教えてくれました。その他にも、犬にまつわる事柄が多い、泉佐野市に対し、「大文字焼《だいもんじ》き」ならぬ「犬文字焼《いぬもじ》き」の提案をしてくれました（笑）。

アベノミクスと泉佐野市

令和2年9月16日（水）、安倍内閣が総辞職し、菅内閣が発足しました。第2次安倍政権は、平成24年12月26日（水）に発足して以来、連続2822日、第1次安倍政権から含めますと、通算3188日となり、どちらも歴代最長を記録しました。

平成24年12月の総選挙で、政権に返り咲いた安倍晋三首相は、まずは経済再生と、「アベノミクス」による3本の矢、「大胆な金融緩和」「機動的な財政政策」「民間投資を喚起する成長戦略」を放ちました。

「大胆な金融緩和」では、1ドル80円前後であった円高が是正され、円安が進行し、あわせて実施されたビザの緩和で、海外からのインバウンド（訪日外国人）が大幅に増加しました。「爆買い」に象徴されるインバウンドの消費に支えられ、関西経済は大きく持ち直しました。

関空に一番近い、泉佐野市では市内の宿泊施設が、「関空対岸エリアは、いま世界で一番ホテルの確保が難しい場所」という新聞報道もされました。24時間運用の関空で、深夜に到着、早朝に出発の旅客には、空港に近い泉佐野市内のホテルが選ばれました。

宿泊施設の不足により、ラブホテルにもインバウンドが宿泊するケースが増え、泉佐野市では昭和57年に施行された「泉佐野市ラブホテル建設の規則に関する条例」の施行規則の一部を改正して緩和し、中国人が好む大部屋の多い一般ホテルの建設を可能にしました。

「機動的な財政政策」では、政権奪還のわずか2ヵ月後、平成25年2月26日（火）、10・3兆円にものぼる「日本経済再生に向けた緊急経済対策」補正予算が成立しました。これに計上された「地域の元気臨時交付金」を活用して、泉佐野市は小中学校の普通教室に、空調設備を整備しました。

この交付金は、国の補助事業の対象外である、地方単独事業が対象となり、当時は補助制度がなかった学校教室のエアコン設置を進めることにしました。このとき、泉佐野市は財政健全化団体でしたが、近隣の市町より一早く、学校教室にエアコンを設置しました。

５年後の平成30年、猛暑が続き、児童・生徒の熱中症が多発したため、文部科学省は、学校教室へエアコン設置の補助金を補正予算に計上しました。泉佐野市は、学校教室の設置は完了していましたので、補助金の対象に含まれていた、各小中学校の屋内運動場（体育館）のエアコン設置に対して、補助金の申請をしました。

結果は、学校教室を優先するということで、文部科学省の補助金は、全くつかず０円でした。しかし「捨てる神があれば拾う神もある」で、経済産業省の補助金、（一社）エルピーガス振興センターが執行する「ＬＰガス災害バルク補助金」を申請したところ、ありがたいことに補助金がつきました。

自然災害が発生したときに、地域の避難所となり、大勢の避難者を収容する学校体育館は、災害対策面からもエアコン設置の必要性がありました。災害によって、ライフラインが寸断されたときには、ＬＰガスが最も有効です。ランニングコストもＬＰガスが安く、全小中学校の体育館には、ＬＰガス仕様のエアコンを設置することにしました。ＬＰガスの供給は、災害時支援協定を締結している「大阪府ＬＰガス協会泉佐野支部」を窓口にしています。

アベノミクスの「機動的な財政出動」で、一早く、学校教室にエアコンを設置しましたが、ようやく国がエアコン設置の補助制度を設けたときには、全く補助金がつきませんでした。それでも、平成30年台風21号を経験して、体育館へのエアコン設置が早期に必要であると判断し、整備に踏み切りました。

結果として、LPガスの使用に伴う補助金にたどり着き、事業開始の令和元年度から、6校ずつ整備を進め、事業完了の令和3年度まで、事業費の2分の1にあたる補助金をいただきました。

「民間投資を喚起する成長戦略」では、その大きな柱の一つとして、「観光立国」が挙げられます。平成28年3月に、安倍内閣は、東京オリンピック・パラリンピック（以下：東京オリパラ）が開催される2020年の訪日外国人旅客者数（以下：訪日客数）の目標を、従来の2000万人から4000万人に引き上げました。

平成24年に836万人であった訪日客数は、令和元年には約4倍の3188万人と、大幅に増加しました。令和2年1月から12月までの訪日客数は、新型コロナウイルス感染症拡大の影響で、前年同期比約87％減の411万人となり、目標であった4000万人の約10分の1に留まりましたが、それまでの訪日客数の増加は、日本経済と観光を大きく支えてきました。

もちろん訪日客数の増加は、前述したように、泉佐野市が「世界で一番ホテルの確保が難しい場所」とまで言われるようになり、「外国人がいるのは、大阪市と泉佐野だけ。後は素通り」と、近隣の市町から羨ましく思われました。大阪では「2025年大阪・関西万博」の誘致に成功し、「G20大阪サミット」「ラグビーワールドカップ」など、世界規模のイベントが相次いで開催されました。

「（公財）東京オリパラ競技大会組織委員会」「（公社）2025年日本国際博覧会協会」から、職員派遣の募集があり、泉佐野市から若手職員を出向させています。令和2年度は、コロナ禍で在宅勤務が多かったみたいですが、世界的なイベントに携わることで、国際感覚を磨き、将来の泉佐野市に役立ててもらいたいと考えています。

東京オリパラでは、泉佐野市は、モンゴル国マラソンナショナルチームとウガンダ共和国（陸上中長距離以外）のホストタウンとして登録しています。コロナ禍により、泉佐野市で合宿中のモンゴル国マラソン選手団が、帰国できなくなるというハプニングもありました。

そして、成長戦略で代表的なものを、もう一つ挙げるとすれば、それは「統合型リゾート（ＩＲ）の整備」であると思います。テーマパーク、劇場、ショッピング、スポーツ施設、国際会議場などのＭＩＣＥ施設と、ホテルなどにカジノを含んだ複合施設は、統合型リゾート「Ｉｎｔｅｇｒａｔｅｄ　Ｒｅｓｏｒｔ」（以下：ＩＲ）と呼ばれています。

ＭＩＣＥは、企業等の会議「Ｍｅｅｔｉｎｇ」、企業等のおこなう報奨・研修旅行「Ｉｎｃｅｎｔｉｖｅ　Ｔｒａｖｅｌ」、国際機関・学会等がおこなう国際会議「Ｃｏｎｖｅｎｔｉｏｎ」、展示会・見本市、イベント「Ｅｘｈｉｂｉｔｉｏｎ／Ｅｖｅｎｔ」の頭文字を用いたビジネスイベントの総称です。

有名な歌手のコンサートやボクシングのタイトルマッチがおこなわれる、アメリカのラスベガスは、代表的なＩＲです。また２０１０年に、シンガポールでは「マリーナ・ベイ・サンズ」「リゾート・ワールド・セントーサ」の二つのＩＲが開業し、国家財政を支える大きな収入源となっています。

現在、世界では、１００を超える国で「カジノ」が合法化されていますが、日本では賭博罪にあたり違法です。これを合法化しようとする動きは、以前からもありましたが、確かな道筋がついたのが、第２次安倍政権からでした。

平成28年12月15日（木）、特定複合観光施設区域の整備の推進に関する法律、いわゆる「ＩＲ推進法」が成立しました。年明け、平成29年３月24日（金）、ＩＲの導入に向けて、安倍首相を本部長とする特定複合観光施設区域整備推進本部が設置されました。

ＩＲ推進法の成立から、１年半が経過した平成30年７月20日（金）、カジノを含む統合型リゾート施設（特定複合施設）の設置に関する法律、いわゆる「ＩＲ実施法」が成立しました。ＩＲ実施法は、ＩＲ推進法を具体的に進めていくための法律です。

このように、第２次安倍政権のもとで法整備が進んだわけですが、もちろん、ＩＲをめぐる動きは、それ以前からもありました。平成14年に大阪府では、太田房江知事（当時）が関空島でのカジノ設置をめざすことを公表しました。

そして、平成15年に東京都では、石原慎太郎知事（当時）が国に「観光資源としてのカジノ実現のための法整備」を要望し、「お台場カジノ構想」が浮上しました。このように、法整備される以前から、全国の自治体で、ＩＲ誘致の動きがありました。

それに遅れまいと、私が市長に就任してから、ＩＲ誘致に向けた取り組みを具体的に始めました。平成24年12月議会では、緊急雇用を活用し、「統合型リゾート基礎調査事業」として、約１９０万円を計上しました。コンサルタント会社に委託し、泉佐野市が誘致をめざす、「りんくうタウン」の事業者などへアンケート調査を実施しました。

１０７社からの回答があり、「賛成が42社」、「条件付きで賛成が42社」、「反対が11社」、「わからないが11社」、「その他が1社」でした。条件付きで1番多かったのが「犯罪集団の排除」、２番目が「財政的負担をふやさないこと」、３番目が「ギャンブル依存症対策の徹底」でした。

平成25年6月議会では、共生会を代表して、野口新一議員から「関西国際空港利用促進を図るとともに、自立した市政運営を推進していくための統合型リゾート施設の誘致を求める決議」が提案され、賛成多数で採択されました。

「本市議会は、関西国際空港利用促進を図るとともに、自立した市政運営を推進していくための統合型観光リゾート施設の誘致を求め、次のとおり決議する。

カジノを含む統合型観光リゾート（ＩＲ）は、ギャンブル依存症や青少年への影響、地域環境への悪影響などの懸念が想定されるものの、長引く景気低迷における地域経済や地元自治体への貢献度の高さ、国際観光の推進といったメリットも大きく、多くの経済団体や自治体等がカジノ誘致についての協議会等を設置し、国の法整備に備えている状況である。

本市では、関西国際空港が平成6年9月に開港以降、国際空港の玄関都市としてふさわしいまちづくりを推進しており、「世界の迎都」をキャッチフレーズに都市基盤整備を実施してきたところである。

一方、関西国際空港においては、本市におけるシンボリックな存在だけでなく、関西一円のシンボリックな存在でもあり、関西経済を牽引しているといっても過言ではない。

また、昨年4月に関西国際空港と大阪国際空港の統合により、新関西国際空港株式会社が設置され、同年7月に一体運営を開始し、債務の早期返済のため効果的な経営をめざし取り組んでいるところである。

本市においても、また新関西国際空港株式会社においても、国政に左右され、厳しい財政状況になったことについて否定することはできず、今後、国の政策等に左右されない財政運営は、早期健全化団体に指定されている本市においても喫緊の課題であるとともに、関西国際空港の利用促進を図っていくことで、本市の経済活性化への期待が、より現実味を帯びてくるものである。

外国人宿泊者数が全国で8位という地域でありながら、そのことで地域経済が活性化している状況ではなく、さまざまな施策に取り組んでいるものの、即効性のある効果は残念ながら出ていない。

各地で取り組んでいる報告事例を見ても、カジノ施設だけでなく、コンベンション施設やレクリエーション施設、宿泊施設、その他の観光振興に寄与する施設が一体となった統合型観光リゾート施設の誘致が、地域経済にもたらす効果は非常に大きいものである。

よって、泉佐野市議会は、関西国際空港利用促進を図るとともに、自立した市政運営を推進していくため、統合型観光リゾート施設の誘致を強く求めるものである。

以上、決議する。

平成25年６月27日　泉佐野市議会」

ＩＲ誘致を官民連携で促進するため、「泉佐野りんくう国際観光振興協議会」を設立して、平成27年10月30日（金）、スターゲイトホテル関西エアポートで、「第10回日本ＩＲ創設サミット　ｉｎ泉佐野　ｋｉｘりんくう」を開催しました。交流会の一部では「模擬カジノ」も実施しました。

泉佐野市では、「統合型リゾート誘致担当職員」を、他の業務と兼務でしたが、10名以上配置しました。その中心は、民間から公募で採用した、中平良太まちの活性化担当理事（当時）でした。

これに対して、「泉佐野をギャンブルのまちにする」と、いつもの勢力から批判が上がりました。りんくうタウン駅ビルに、日本中央競馬会（ＪＲＡ）の場外馬券場である「ライトウインズ」を誘致したときにも、同じような批判がありましたが、オープン以降、「ギャンブルのまち」になったかと言えば、なっていません。

平成24年12月15日（土）、「泉佐野フィッシャーマンズ・ワーフ」に、ボートレースの場外舟券場である「ミニボートピアりんくう」がオープンしました。オープン以降、「ギャンブルのまち」になったかと言えば、なっていません。

泉佐野市のＩＲ誘致は、大阪府の松井一郎知事（当時）の「大阪は夢洲で一本」という方針によって、動きを鈍化せざるをえなくなりました。ＩＲ実施法における、ＩＲの設置区域に関して中請主体となるのが、都道府県と政令指定都市に限定されたので、大阪府に申請してもらえなければ、設置区域には立候補できません。

当初、3か所が選ばれるIRの設置区域には、横浜市、大阪府・市、和歌山県（和歌山市）、長崎県（佐世保市）の4か所が申請する予定です。松井知事は、「大阪は夢洲一本でいくが、IRが夢洲に立地したら、泉佐野市は関空に一番近いので、違う投資が呼び込める」と言われていました。

確かにその通りで、それは和歌山県に立地した場合でも同様です。3か所のIR設置区域に、大阪と和歌山の二つが入れば、大阪・和歌山を結ぶ線上に関空があるので、その効果は倍以上になると考え、期待が膨らみます。

淡路島と、さほど面積が変わらないシンガポールに、大きなIRが二つ存在します。大阪と和歌山の2か所でも十分に成り立つと考えています。あわせて、関空があるわけですから、ターゲットは世界に向けて限りなく広げることができます。

関空は、あまり知られていませんが、空の拠点であるとともに、陸の拠点でもあります。リムジンバスによる交通網が近畿一円だけでなく、岡山、徳島、高松まで広がっています。また、海の拠点ともなりえます。神戸空港まで、高速フェリーでわずか30分です。

平成30年台風21号で、空港連絡橋にタンカーが衝突し、利用に制限がかかったとき、泉佐野市から神戸空港に向かい、高速フェリーを使って通う社員がいたと、関空関係者が言っていました。夢洲やマリナーシティへは、海からの方が早く到着できるかもしれません。

日本という魅力的な市場に、大いに関心を寄せた、世界のカジノ事業者は、現在、コロカ禍で、経営が窮地に追い込まれています。そのような中で、ＩＲ設置区域の申請時期も予定より遅れています。

当初の目標は、２０２０年東京オリパラ開催までの開業でしたが、２０２５年大阪・関西万博にも間に合わず、２０２０年代の後半となりました。ＩＲ誘致をめざす大阪府と大阪市の実施方針には、開業時期が明記されませんでした。

コロナ禍が収束し、海外からのインバウンドが回復したときには、日本版ＩＲへ多くの訪日外国人が訪れるでしょう。泉佐野市は、第一段階ではＩＲ設置区域になれませんが、独自路線で、ＭＩＣＥ推進の取り組みを展開したいと考えています。

統合型リゾート誘致担当職員は、「ＭＩＣＥ推進担当職員」としました。国の基本方針では、２０２２年中に決定となっていますが、ＭＩＣＥ推進のためにも、早い段階でＩＲ設置区域の決定を願います。

地方創生と泉佐野市

平成26年5月に、日本創生会議が地方自治体ごとの将来人口推計を発表しました。その中で、８９６の地方自治体が消滅しかねない「消滅可能性都市」とされました。消滅可能性都市とは、少子化や人口流出に歯止めがかからず、将来的には消滅する可能性がある地方自治体のことを指しています。全国の約半数が、消滅可能性都市と位置付けられた発表に、大きな衝撃が走りました。

第2次安倍政権では、「地方創生」が掲げられ、「まち・ひと・しごと創生本部」が設置されました。地方創生とは「地域活性化などによる若者の雇用創出」「教育も含めた子育ての充実」「交流人口の増加」「福祉や医療で安心できる環境づくり」などを図ることで、地方の定住人口を増やし、東京一極集中に歯止めをかけることです。

戦後の高度経済成長期からオイルショックまでは、地方から「東京圏」「関西圏」「名古屋圏」への人口移動がおこりました。しかしバブル経済以降は、東京への人口流入が集中し、「東京首都圏」と「それ以外の地方」となり、地域間格差が開いています。

東京都における出生率は「1・20（平成30年度）」と極めて低く、地方から若者が東京へ流出することが、人口減少に拍車をかけています。東京圏への転入を２０２０年までに、年間「6万人」減らし、地方への転出を「4万人」増やすことが、目標とされました。しかし、それは達成されないまま、転入超過が続きました。

令和2年で、東京都の80歳以上人口が、１００万人を突破しました。平成元年が約23万人でしたので、一挙に高齢化が進みました。「若者のまち」のイメージが強い東京ですが、何十年も前に上京した若者が、年齢を重ねましたので、世界で他に例がない高齢化のまちになっています。

出生率が高い「地方」から、出生率が低く、高齢化が急速に進む「東京圏」への転入を食い止めなければ、消滅可能性都市どころか、日本が「消滅可能性国家」になると言われています。

一方で、東京圏に転入する人口が、コロナ禍によって、令和２年の半ばから大幅に減少しているという変化が生じています。東京都への転入超過が「３万人」台に留まり、対前年比で、「５万人」の減少となりました。地方創生を掲げ、政府が取り組んできた東京圏への転入超過の解消が、コロナ禍によって実現されたというのが、何とも皮肉めいたことですが。

泉佐野市の場合は、関空の開港で、交通アクセスの利便性が進んだ「平成」に入ってから、人口の増加が続き、平成14年４月に10万人を突破しました。その後も人口の微増が続き、平成21年８月のピーク時で、10万３０００人となりました。しかしそれ以降は、人口減少に転じ、「令和」に入ってから、令和２年８月、ついに10万人を割り込みました。

泉佐野市は、日本創生会議による、消滅可能性都市ではありませんが、深刻な人口減少が表れています。人口減少に対する一つの方策として、「関係人口」という言葉が注目されています。

関係人口とは、地方に移住する「定住人口」と、観光などで短期間訪れる「交流人口」の中間的な存在で、「地域内にルーツがあり、近隣の市町村に住む人（近居）」「地域内にルーツがあり、遠くの市町村に住む人（遠居）」「過去に勤務や居住、滞在の経験などがある人」「行き来する人」の４タイプとされています。

フランスでは、人口がたった１人の村で、７人の村議会議員が当選したと報道がありました。フランスでは、別荘があり、税金を２年間納めるなどの条件を満たせば、有権者となり、また立候補もできるそうです。「関係人口への投票権付与」とでも言える制度があります。
泉佐野市では、「特産品相互取扱協定」「災害における防災協定」「ふるさと逸品協定」「歴史的ご縁が結ぶ地域産業の活性化協力協定」を締結し、全国の地方自治体と積極的に関わりを持ち、「関係自治体」を増やすことで、交流人口の増加から、関係人口へとつなげる取り組みを進めています。

「特産品相互取扱協定」……相手方の特産品を地元の特産品と同様に扱う協定

	締結者	締結日	締結場所
栃木県 佐野市	岡部正英 市長（当時）	平成27年11月12日（木）	佐野市役所
和歌山県 紀の川市	中村愼司 市長	平成28年4月28日（木）	泉佐野市役所
奈良県 葛城市	山下和弥 市長（当時）	平成28年7月14日（木）	葛城市役所
沖縄県 石垣市	中山義隆 市長	平成28年7月31日（日）	石垣市役所
岩手県 大船渡市	戸田公明 市長	平成28年8月2日（火）	大船渡市役所
大阪府 柏原市	中野隆司 市長（当時）	平成28年8月26日（金）	柏原市役所
兵庫県 淡路市	門 康彦 市長	平成28年10月13日（木）	泉佐野市役所
高知県 宿毛市	中平富宏 市長	平成28年10月16日（日）	泉佐野市役所
岐阜県 美濃加茂市	藤井浩人 市長（当時）	平成28年10月31日（月）	泉佐野市役所
徳島県 阿南市	岩浅嘉仁 市長（当時）	平成28年11月7日（月）	阿南市役所

香川県	坂出市	綾　宏　市長	平成28年12月3日（土）	泉の森広場
大阪府	守口市	西端勝樹 市長	平成28年12月16日（金）	守口市役所
京都府	京田辺市	石井明三 市長（当時）	平成28年12月22日（木）	京田辺市役所
福島県	相馬市	立谷秀清 市長	平成28年12月26日（月）	相馬市役所
北海道	登別市	小笠原春一市長	平成29年1月23日（月）	泉佐野市役所
茨城県	行方市	鈴木周也 市長	平成29年1月24日（火）	行方市役所
長崎県	五島市	野口市太郎 市長	平成29年1月26日（木）	泉佐野市役所
滋賀県	栗東市	野村昌弘 市長	平成29年1月31日（火）	栗東市役所
大阪府	松原市	澤井宏文 市長	平成29年2月20日（月）	松原市役所
石川県	加賀市	宮元　陸 市長	平成29年2月24日（金）	加賀市役所
千葉県	成田市	小泉一成 市長	平成29年3月18日（土）	成田市役所
神奈川県	茅ケ崎市	服部信明 市長（故人）	平成29年3月30日（木）	泉佐野市役所
静岡県	裾野市	高村謙二 市長	平成29年4月5日（水）	裾野市役所
宮崎県	都城市	池田宜永 市長	平成29年5月10日（水）	都城市役所
熊本県	宇土市	元松茂樹 市長	平成29年5月10日（水）	宇土市役所
岡山県	美作市	萩原誠司 市長	平成29年5月19日（金）	泉佐野市役所
愛媛県	東温市	加藤　章 市長	平成29年7月3日（月）	東温市役所

東京都	稲城市	高橋勝浩 市長	平成29年7月5日（水）	稲城市役所
三重県	亀山市	櫻井義之 市長	平成29年7月12日（水）	亀山市役所
佐賀県	武雄市	小松　政 市長	平成29年7月13日（木）	泉佐野市役所
福井県	敦賀市	渕上隆信 市長	平成29年7月19日（水）	泉佐野市役所
愛知県	尾張旭市	水野義則 市長（当時）	平成29年8月24日（木）	尾張旭市役所
山口県	柳井市	井原健太郎 市長	平成29年8月31日（木）	柳井市役所
島根県	雲南広域連合	速水雄一 雲南市長（当時）	平成29年10月4日（水）	泉佐野市役所
埼玉県	本庄市	吉田信解 市長	平成29年10月10日（火）	本庄市役所
山形県	南陽市	白岩孝夫 市長	平成29年10月12日（木）	南陽市役所
新潟県	小千谷市	大塚昇一 市長	平成29年10月19日（木）	小千谷市役所
青森県	弘前市	葛西憲之 市長（当時）	平成29年10月30日（月）	弘前市役所
鹿児島県	阿久根市	西平良将 市長	平成29年12月16日（土）	阿久根市役所
秋田県	大館市	福原淳嗣 市長	平成30年1月17日（水）	泉佐野市役所
鳥取県	境港市	中村勝治 市長（当時）	平成30年1月19日（金）	境港市役所
大分県	佐伯市	田中利明 市長	平成30年2月2日（金）	佐伯市役所
富山県	射水市	夏野元志 市長	平成30年2月5日（月）	射水市役所
山梨県	甲州市	田辺　篤 市長（当時）	平成30年3月27日（火）	甲州市役所

長野県　佐久市　柳田清二市長　平成30年3月27日（火）　佐久市役所
大阪府　高槻市　濱田剛史市長　平成30年4月27日（金）　高槻市役所
宮城県　白石市　山田裕一市長　平成30年7月4日（水）　白石市役所

「災害における協力協定」……相手方に災害等が発生した時に支援をする協定

締結者　締結日　締結場所
栃木県　佐野市　岡部正英市長（当時）　平成28年11月22日（火）　佐野市役所
北海道　函館市　工藤壽樹市長　平成29年3月18日（土）　成田市役所
千葉県　成田市　小泉一成市長　平成29年3月18日（土）　成田市役所
兵庫県　淡路市　門　康彦市長　平成29年8月4日（金）　淡路市役所
兵庫県　丹波篠山市　酒井隆明市長　平成29年12月27日（水）　篠山市役所
愛媛県　東温市　加藤　章市長　平成30年8月9日（木）　東温市役所
奈良県　五條市　太田好紀市長　令和2年3月29日（月）　泉佐野市役所

「ふるさと逸品協定」……ふるさと自慢の一品を相互に取り扱う協定

締結者　締結日　締結場所
鹿児島県　大崎町　東　靖弘町長　平成29年10月24日（火）　照日神社内

奈良県　田原本町　森　章浩 町長　平成30年2月14日（水）　田原本町役場
福島県　棚倉町　湯座一平 町長　平成30年10月5日（金）　棚倉町役場

「歴史的ご縁が結ぶ　地域産業の活性化協力協定」……歴史的なつながりを再確認するとともに、相互の産業と地域活性化に向けて協力する協定

	締結者	締結日	締結場所
鹿児島県 大崎町	東　靖弘 町長	平成29年10月24日（火）	照日神社内
秋田県　にかほ市	市川雄次 市長	平成31年1月30日（水）	にかほっと

特産品相互取扱協定を締結した自治体とは、お互いのイベントにブースを出し合う交流をしています。泉佐野市は、全国各地の自治体と締結を結んでいるため、イベントが重なる10月から11月にかけては、毎週、職員が締結先自治体に出向いて、泉佐野市の特産品のＰＲをしています。

泉佐野市の職員が先頭に立って交流を図り、次の段階として、各種団体の研修や児童・生徒など市民間の交流につなげ、それをさらに深いものとし、関係人口へと結びつけていくように努めています。

締結先イベントへの参加は、職員研修の一環と位置付け、職員間の横の連携を図る意味も込め、できるだけ違う部署の職員が３人１組となり、全国各地で泉州タオル等の特産品をＰＲしながら店

頭販売します。職員は、各特産品の特徴をきちんと把握しておく必要がありますし、時にはステージ上で、泉佐野市のＰＲをする機会も与えられます。

それゆえ、管理職の職員にかぎり、毎年11月に実施する「いずみさの検定」の受検も、研修の一環にしています。いずみさの検定には、１級から３級があり、１級は１００問、２・３級は50問で、8割以上の正解で合格となります。

合格に向けて、市が作成した問題集を勉強しますので、泉佐野市の歴史や特産品の知識が必ず深まります。私は１級、２級、３級と合格しました。ちなみに、泉佐野市役所の採用試験では、いずみさの検定の合格者を加点対象としています。

泉佐野市の人口は、10万人を割り込みましたが、人口減少に対しては、「泉佐野市まち・ひと・しごと創生総合戦略」を策定し、積極的に地方創生を推し進めてきました。

代表的なものとして「都市と地方をつなぐ就労支援カレッジ事業」がありました。これは、農業を志す若年無業者や就労経験の少ない若者等を中心に、泉佐野市で農業スキルを身に付け、弘前市でリンゴ生産等の実践的な研修をおこなう事業でした。

都市間連携により、農業分野に従事する地方への移住促進にもつなげる事業でした。これは内閣府から地方創生の「モデル事業」として位置付けられ、弘前市の葛西憲之市長（当時）とともに、全国の自治体へ参加を呼びかけ、後に石川県加賀市が参画することになりました。

事業開始の平成27年から令和元年の5年間で、就労体験者数は、１４０６人にのぼり、就労に結び付いた人は、148人となりました。この就労者数は、農業体験をおこなう弘前市内や加賀市内だけでなく、体験者が大阪に帰ってきてからの就労者も含まれています。

ニートや引きこもりなどの課題を抱えた若年者が、親元を離れて就労体験し、働く喜びを感じ、帰阪してから、農業とは違った職種に就くケースもありました。泉佐野市内だけでなく、大阪府内から若年者を募集しましたので、広域で社会的意義がある事業ととらまえていました。

就労支援カレッジ事業は、令和2年度をもって、地方創生推進交付金の期間が終了しましたので、内閣府の地域就職氷河期世代支援加速化交付金を活用し、新たに「地域課題解決型氷河期世代就労支援事業」として展開しています。

その他、「住宅総合助成（定住・移住促進）事業」では、「市内で新築住宅を購入・建築」「空き家バンクに登録の中古住宅を購入」するとき、登記費用や引越し費用を助成しました。「コミュニティバスの無料化事業」として、地域の生活拠点を運行するコミュニティバスの運賃を無料にしました。

「地域版ＭＩＣＥ誘致推進事業」として、前節の「第10回日本ＩＲ創設サミット in 泉佐野ｋｉｘりんくう」を開催しました。これは「カジノ構想」として、批判材料の柱の一つになりました。

積極的な事業展開をしましたが、残念ながら泉佐野市の人口は、増加への転換に至りませんでした。しかし、国内の人口減少が進む中、何とか微減で留めていました。平成27年11月末の人口と令和元年11月末の住民基本台帳の人口を比較すると、５年間で「７６１人」の減少でした。

それが、令和２年11月末の住民基本台帳人口は、９万９８０８人となり、わずか1年間で「５６５人」も減りました。コロナ禍による世界的な出入国制限によって、令和２年４月以降の国際線がほとんどキャンセル状態の関空は、これまでにない落ち込みを見せています。

泉佐野市の人口を微減に留めていたのが「社会増」でした。関空関連の仕事に従事する人たちが、社会増をもたらしていました。しかし、コロナ禍で、やむをえず職種を変え、帰郷するなど、泉佐野市外へ流出しています。このことが、令和２年における深刻な落ち込みの大きな要因であります。

短期的な予測では、関空の国際線で２０１９年並みに戻るには２０２４年までかかり、国内線で２０１９年並みに戻るには２０２２年までかかると予測されています。厳しい状況が続いていますが、航空需要は中長期的に必ず回復しますので、ポストコロナを見据えて、前向きに取り組んでまいります。

以前、泉佐野市は、財政破綻寸前の「財政健全化団体」であり、「まちの活性課」が所管する観光振興や地元産業活性化などの事業には、一般財源（自治体に裁量がある財源）を十分に回すことができない状況でした。

しかし、緊急雇用を活用して、私が市長に就任した平成23年度から平成27年度まで、のべ事業数82、総事業費14億４７６６万円（市の負担０円）と、まちの活性課を中心に、市全体で幅広い事業が展開できました。ふるさと納税で全国上位になるまで、泉佐野市にとって、緊急雇用が、ある意味、大きな財源になっていました。

りんくうタウンの泉佐野市域が「国際医療交流の拠点づくり」として、内閣府から地域活性化総合特区に指定されたことによる「通訳ガイド養成事業」や、大阪府で初めて文化庁の重要文化的景観に選定された「日根荘大木の農村景観」のPRをおこなう「歴史文化プロモーション推進事業」なども実施しました。

ご当地グルメのレシピを募った「泉佐野市S—1グランプリ」も開催し、200件近い応募作からグランプリを選びました。泉州タマネギやキャベツを薄力粉などと混ぜて、タオルのように薄く焼き上げた「王様のタオル焼き」がグランプリに選ばれました。

緊急雇用が、最終年度となった平成27年度からは、新たに創設された「地方創生推進交付金」を活用し、令和元年度までの5年間で、のべ事業数34、総事業費9億3249万円、交付金の充当額4億6665万円と、ふるさと納税が全国上位になってからも、一般財源をなるべく少なくする努力を続けています。

「女性自身」令和3年3月2日号で「永住しやすい　トカイナカ　ベスト50」がありました。「トカイナカ」とは、都会すぎず、田舎でもなく、都市部とそれほど遠くない場所とのことです。トカイナカの大阪圏第1位に泉佐野市が選ばれました。

「家賃偏差値」「病院数」「診療所数」「老人福祉費」「小売店数」「サービス業数」の6指標による総合で、ランキングされていました。「病院数」「小売店数」「生活関連サービス」に高い評価がありました。

東京圏1位は千葉県木更津市、名古屋圏1位は岐阜県岐阜市でした。泉佐野市は「電車や高速道路の交通アクセスがよく、生活利便性が高い」という評価でした。このようなランキングは、何を指標に用いるかで大きく変わりますが、近畿圏では、奈良市や大津市などの県庁所在地を抑えての第1位という高い評価をいただきました。

住民基本台帳人口は、10万人を割り込みましたが、「永住しやすい」好条件を活かし、人口減少に歯止めをかけ、地方創生の動きを加速させてまいりたいと考えています。

5年間の中期財政計画

平成６年9月４日（日）、関空が開港しました。関空に一番近い都市として、泉佐野市内では膨大な量の空港関連事業が実施されました。それに伴い、泉佐野市は多額の起債を発行しましたので、後年度の返済で、財政が著しく硬直化しました。

北海道夕張市が財政破綻したことで、総務省は平成20年に「財政健全化法」を施行しました。それまでの「財政再建法」は、地方自治体の財政状況を一般会計の累積赤字額だけで判断していましたが、財政健全化法は、実質赤字比率、連結実質赤字比率、実質公債費比率、将来負担比率の４つの「健全化判断比率」で判断するようになりました。

起債残高が他の自治体と比べてはるかに高い、泉佐野市では将来負担比率が、レッドゾーン手前のイエローゾーンである「早期健全化基準」を上回り、平成20年度の決算で、財政破綻寸前と位置付けられた「財政健全化団体」に転落しました。

当時の泉佐野市の財政状況を表す言葉に、「東の夕張、西の泉佐野」がありました。『反骨の精神』（相川俊英著、講談社、２０１５年）中の「財政自律度ワーストランキング」では、夕張市に次いで、泉佐野市が全国2位でした。財政状況の悪い自治体として、西の横綱を張っていました。

財政健全化団体は、財政健全化法に基づいて「財政健全化計画」を策定し、総務省に提出しなければなりません。泉佐野市は、平成21年度から平成39年度まで、19年間をかけて財政健全化団体から脱却する計画を作りました。その後、計画は見直され、平成21年度から平成32年度までの12年間に短縮されました。

この12年間をさらに短縮し、私の1期目の任期内、平成26年度末までに、財政健全化団体から脱却する「財政健全化計画実施プラン」に修正しました。実施プランは「人件費の削減」「遊休財産の売却」「空港連絡橋利用税など税外収入の確保」が3つの柱でした。

人件費の削減では、一般職員の給料カットを、部長級13％、課長級12％、課長代理級11％、係長級以下8％としました。期間は、平成26年度末（平成27年3月末）まででした。あわせて退職不補充による定数削減もおこないました。

マニフェストでは「職員給料20％カット」を掲げていました。平成23年6月議会で、20％カットの議案を上程しましたが、委員会審査を経て、議案を８～13％カットの削減に訂正しました。『型破りの自治体経営』で詳しく記しています。

遊休地の売却は順調に進み、空港連絡利用税も導入できました。りんくう総合医療センターの独立行政法人化による公債費負担の見直しで実質公債費比率が下がり、泉州南消防組合発足による消防職員の移籍で将来負担比率も下がるなどのプラス要因もありました。

この結果、泉佐野市は、さらに1年前倒しの平成25年度決算で、財政健全化団体から脱却できました。財政健全化団体脱却に際しては、総務省に対して完了報告書を提出しなければならず、その報告書には、脱却以降の健全な財政運営を示す必要がありました。

早期健全化基準はクリアしたものの、起債残高は依然として大きく、高水準の公債費負担が続くことは、財政健全化団体の時と変わりませんでした。また社会保障費の増加など義務的経費が高まる見込みであったため、不安定な財政運営が予想されました。

中期的な財政状況を推計した上で、限られた財源の中で、歳入に見合った歳出とする財政運営の健全性を高め、二度と財政健全化団体に転落しないように、「中期財政計画（以下：中期計画）」を策定しました。中期計画は、平成27年度から平成31年度までの5年間としました。

この計画で、人件費の削減は、特別職の給料カットを、市長40％、副市長35％、教育長30％の継続としました。一般職員の給料カットを、部長級９％、課長級８％、課長代理級５％、係長級以下４％とし、実施プランの期間よりは、削減幅を圧縮しました。この給料カットに際し、職員団体へ団体交渉の申入れをおこないました。

平成26年11月11日（月）、泉佐野市職員労働組合（以下：市職労）と自治労泉佐野市職員組合（以下：自治労）に、給料カットの条例改正を申入れし、市職労とは、11月20日（木）、25日（火）、26日（水）の3回に渡って、申入れに基づく団体交渉をおこないました。最終日には、私も出席しました。

市職労とは、毎年11月に「年末一時金等に関しての要求」の団体交渉をおこなってきました。この年も、まずはその交渉をした後に、給料カットの条例改正について交渉しました。条例改正の交渉は、かなり遅い時間帯からになりました。25日の交渉は、日が変わり、午前3時45分まで続きました。

最終日は、市職労の要求に対して、私から最終回答し、要求に対しての交渉を終え、そこから条例改正の交渉が始まりました。始まったのが午後10時45分からでした。まだまだ続く厳しい財政状況と給料削減の必要性を説明しましたが、理解を得られず、平行線のまま、時間が過ぎていきました。

組合員は37名の出席でしたが、午前0時をまわると退席者が出始め、後方に座っていた組合員の中には居眠りする者もいました。前日同様、この日も午前3時をまわると、市職労の委員長ですら、眠気で呂律《ろれつ》が回らなくなってきました。「これ以上は」と思いましたので、私から交渉を打ち切り、12月議会に給料カットの議案を上程すると告げました。

自治労からは、「中期計画の中身について交渉したとしても、中身が変わっていかないのであれば、交渉する意味がない」とされ、交渉はおこなわれませんでした。

12月８日（月）、平成26年12月議会の総務産業委員会で、職員給料４～９％カットの「職員の給与についての条例の一部を改正する条例制定について」が審査されました。その前に、特別職給料カット継続の「特別職の職員で常勤のものの給与についての条例等の一部を改正する条例制定について」の審査がありました。

ここで、職員給料カットに反対する革新系議員や某政党議員からは、市長選挙が翌年に控えていたことを持ち出し、「市長任期は来年４月まで、５年先までの特別職の給料を決める条例はおかしい」「５年先まで２回の市長選挙がある、そんな先の給料まで今の市長が決めていいのか」「このような条例改正は違法ではないのか」という兎角亀毛《とかくきもう》な主張を並べてきました。

特別職給料カットと一般職員給料カットは、中期計画で「人件費の削減」として、連動していましたので、特別職給料カットの議案を審査できないようにして、一般職員給料カットの議案も審査させなくする、というのが彼らの狙いでした。

これに対して、

「特別職のカットは、今後５年間の中期計画に盛り込んだものである。私が市長に就任する前から財政健全化計画はあった。それを短縮させた実施プランを策定し、さらに１年前倒しで財政健全化団体から脱却できた。市長が変われば、方針が変わることはある。私と違う新しい市長が来年４

月の選挙で就任すれば、給料を上げるか、さらに下げるか、そのまま維持するか、そのときの市長の判断で議案を上程すればいいだけ」

と何度も答弁しましたが、反対の議員は、納得するわけがありません。

議会基本条例にある「議員間の自由討議」がおこなわれ、反対の議員からは、「このような議案を審査することはおかしい」という意見が出ました。一方、「市長が変われば、そのときの市長が考えればいい」という議員が多数で、議案は採決され、賛成多数で承認されました。

続いて、職員給料4～9％カットを含んだ「職員の給与についての条例の一部を改正する条例制定について」の審査では、反対の議員からは、

「再度、労使協議するようにと、この議案を差し戻すべき」

「来年4月の市長選が終わってから、もう一度、新しい市長のもとで、中期財政計画と職員給料について議論し直すべき」

「職員の生活はものすごく厳しく、元気がなくなり、モチベーションを保てなくなっている」

という意見が出されました。一方、多数の議員からは、

「職員の生活は厳しいのは理解するが、一方で泉佐野市の財政状況も財政健全化団体を脱却したとはいえ、厳しい状況が続いている」

「財政健全化団体を脱却できたからといって、財政の健全化ができたわけではない」

「苦渋の選択だが、中期計画に基づいた、職員の人件費削減は必要である」

という意見が出ました。採決の結果は、賛成多数で承認されました。

この総務産業委員会には、議案の他に、某政党議員が紹介議員となった「請願第1号　庄八池埋め立て賛成の条件に取り上げられた重要事項における交通問題についての検証及び実証並びに再度の住民投票のお願いの請願」、また千代松市政に批判を続ける「泉佐野市政をよくする市民連絡会」の代表が請願人となった「請願第2号　市民課窓口業務の民間委託中止を求める請願」が付託されていました。

賛成少数で不採択になりましたが、これらの審査にも時間を要し、全て終了したのが、午後8時近くになっていました。私にとって、市議会議員、市長を通じて、最も長い常任委員会での審査になりました。

財政健全化団体を脱却するのは、あくまで目標で、決してゴールではなく、早期健全化基準の数値をクリアしただけでした。脱却後にも危殆《きたい》に瀕した財政状況が続くのは明らかでしたので、歳入、歳出両面からの行財政改革を続ける必要がありました。

人件費の削減は、職員から切り出しにくいものですが、道下栄次市長公室長（当時）だけは別でした。「引き続き人件費の削減は必要だ」と言い切り、削減項目を盛り込んだ上で、中期計画を策定しました。しかし、道下公室長が中心となり、策定した計画を大きく狂わせたのが、ふるさと納税でした。

税外収入の確保として、ふるさと納税には他の団体に先駆けて、力を入れていましたが、財政健全化団体を脱却した平成25年度決算では、4604万円と、全体の歳入から見れば、まだまだ大きくありませんでした。中期計画を策定した平成26年度が、4億6756万円でした。

このふるさと納税が、中期計画の5年間で、

平成27年度　11億5083万円
平成28年度　34億8358万円（全国8位）
平成29年度　135億3250万円（全国1位）
平成30年度　497億5290万円（全国1位）
令和元年度　184億9691万円（全国1位）

合計額は、864億1672万円にのぼりました。これにより中期計画は、基金残高で大きく上振れしました。「道下さんの見込みは、あたらんからなあ」が、市長査定での私の口癖になりました（笑）。

ふるさと納税が、このように好調だと、職員団体からは、給料カット撤回の要求がありました。ふるさと納税制度を否定する某政党議員からも「ふるさと納税が好調なのだから、職員給料カットはすぐにやめるべき」と、身勝手な意見が出ました。

ふるさと納税の寄付は、寄付者の意向に沿って、教育施設整備のための基金や、福祉や地域経済

振興などの基金に積み立てるので、人件費などの義務的経費に充てることはできません。いくら多額の寄付が続いても、職員団体からの要求を拒み続け、全国1位であった平成29年度、平成30年度、令和元年度も給料カットは継続しました。

一方で、ふるさと納税により、泉佐野市で手付かずの状態であった学校プールの整備や近隣の市町から遅れていた行政サービスを向上させてきたので、職員の業務量が増えている現実がありました。

また、令和元年度は、ふるさと納税制度からの除外、３回に渡る特別交付税の大幅減額という厳しい状況がありましたので、より前向きに、より積極的に、市政発展のために職務に励んでもらわなければと考え、中期計画終了の令和２年３月をもって、一般職員の給料カットは継続しないことにしました。

しかし、賃金上昇、消費増税、社会保障費の増大などにより、義務的経費がさらに高まる見込みでしたので、令和２年度から令和６年度までの「中期財政運営方針」を策定し、特別職の給料カット（市長31％、副市長26％、教育長21％）や時間外勤務の縮減などにより、総人件費の抑制は継続して努めています。

第1章では、私を批判する、あるいは否定する勢力から「なぜ嫌われるのか」について、犬税、イヌナキン、ＩＲ誘致、給料カットの継続など、主な事柄を列記しました。第２章では「さらに嫌われた理由」について記してまいります。

第2章

さらに嫌われた理由

学校別成績の公表

全国学力・学習状況調査（以下：全国学力テスト）は、文部科学省（以下：文科省）が、全国の小学6年生と中学3年生を対象に、平成19年度から実施しました。それより以前には、昭和31年度から昭和41年度にかけて、文部省が主導する全国学力テストがおこなわれていましたが、日本教職員組合などの反対運動により、11年間で終了しました。

日本の学力低下が問題視されてきた平成10年代になって、全国学力テストの復活をのぞむ声が出てきました。そして、中山成彬文部科学大臣（当時）が、「全国学力テストを復活させるべき」としたのが、直接のきっかけと言われています。

復活した全国学力テストでは、文科省は都道府県別成績を公表しましたが、市町村別、学校別成績の公表については、「過度な競争や学校の序列化につながる」と消極的でした。しかし、平成20年に、大阪府の橋下徹知事（当時）が、大阪府内の市町村別成績を公表し、続いて秋田県知事や鳥取県教育委員会も市町村別成績を公表・開示しました。

民主党政権で、平成22年度から全国学力テストが全体の3割程度の抽出方式になったことにより、橋下知事は、大阪府独自の学力テスト（以下：府学力テスト）を平成23年度から実施しました。あわせて、大阪府は、府学力テストの全体結果と市町村別成績を公表しました。

平成24年６月12日（火）、府学力テストが実施されましたが、参加した自治体は、府内31市町村で、前年度から10市町減少しました。私は、その府学力テストの泉佐野市内にある13小学校、５中学校の学校別成績を「市長判断で公表する」と発表しました。

泉佐野市では、それまでの先入観で、各学校の学力が語られる現状がありました。学力が低いと先入観を持たれている学校で成績を伸ばした学校がありましたので、「行政として正確な情報を開示したい」と考え、市長判断で公表するとしました。

学校現場から、

「学校の序列化につながる」

「結果の数字だけで学校が評価される」

「成績の低い学校では、イヤな思いをする児童・生徒が出る」

などの反対意見が出ました。泉佐野市内では、14地区で小地域ネットワーク活動がおこなわれています。その14地区をまわる「泉佐野市タウンミーティング」では、参加していた小学校の元校長から、

「学校別成績の公表はするべきでない」

と反対意見が出ました。

一方、保護者から、

「成績の低い学校は改善のきっかけになる」

「先生が指導に力を入れてくれるようになる」

「学校現場に緊張感が生まれ、学力向上を真剣に考えてくれる」

などの賛成意見が出ました。

府学力テストを大阪府知事のときに始めた、大阪市の橋下徹市長（当時：前年のダブル選挙で知事から転身）から、

「私が市町村別成績を公表したとき、競争が過熱すると言われたが、そういう事例は受けていない。学校別成績を公表しても問題ないと思う」

と援護射撃がありました。また松井一郎大阪府知事（当時）から、

「隠すことが子どもたちのプラスなのか。成績が低いところにしっかりとマンパワーを入れ、全体の学力向上につなげればいい」

とありました。

平成24年10月2日（火）、大阪府が府学力テストの市町村別成績を公表した翌日、泉佐野市のホームページ上で、小規模校をのぞく、市内12小学校、5中学校の学校別平均正答率を公表しました。ホームページには、通常の14倍のアクセスが殺到しました。

あわせて、各小中学校からは、来年度の数値目標や成績向上に向けた取り組みなどを10月中に提出させ、従来の均等配分ではなく、各校のやる気に応じて予算配分することにしました。提出しない学校は「やる気がない」と判断し、予算を減額するとしました。

平成24年10月9日（火）、学力向上に向けて、今後どのような取り組みをしていくのか、市内の小中学校長と意見交換をするため、「校園長会」に出席しました。中藤辰洋教育長（当時）は、「学力テストの結果については、大阪府下平均を上回り、最終的には全国平均を上回ることが目標」と議会で答弁していました。泉佐野市教育委員会では、学力向上を目標として、すでに位置付けていました。

それにも関わらず、「学校教育は学力だけではない」と、ある中学校長からありました。私も、もちろん学力だけとは思っていません。平均に達していない状況を改善してもらいたいだけでした。

他の中学校長からは、「クラスに入らずに授業を受けていない生徒たちにも、きちんとテストは受けさせている。そういった子どもたちを排除させるようなことにつながる」とありました。これには「？？？」でしたね。あきれてすぐに言葉が見つかりませんでした。

学力テストの結果が良かった学校は、クラスに入れない生徒を排除してテストを実施しているのでしょうか。全国、どこの市町村でも少なからず同じような課題はあるはずです。その課題を克服してもらいたかったのです。先が思いやられました……。

また、注目が集まったのは、4年ぶりに悉皆《しっかい》方式で実施される全国学力テストの学校別成績を、府学力テストと同様に公表するかでした。全国学力テストの悉皆方式を批判してきた民主党への政権交代によって、平成22年度から抽出方式となりました。

しかし、専門家会議で「調査に関係のない学校は雰囲気がだれる」「悉皆方式でないと個々の先生は関心を持たない」などの意見が出され、4年に一度、悉皆方式で実施されることになっていました。平成25年度は4年ぶりに、全国学力テストが悉皆方式でおこなわれる年でした。

ある記者の取材に、

「（全国学力テストに）参加する限り、府学力テストと同様に、結果がどのようになっているのか公表するのは当然。公の場で学力に関する議論につなげる」

と答えました。これに対して、府学力テストの学校別成績公表の際、「公表は市長の政治判断」とした、泉佐野市教育委員会（以下：泉佐野市教委）ですが、全国学力テストの学校別成績の公表には反対で、「市長が方針を変えないなら、概要報告のみにして平均正答率は提供しない」と表明しました。

文科省は、「学校間の序列化を生む」「学力の一部を数値化したものに過ぎない」と、非公表とする全国学力テストの実施要領に順守せず、公表する教育委員会があれば、「国が一元的におこなう調査で、一定のルールに従わないなら受けさせられない」と、参加を認めない方針を発表しました。

そして、非公表の確認文書提出を、全国の教育委員会に求めました。文書には「実施要領を順守する」の確認欄に「○」を付けて返答するものでした。全国学力テストの参加主体は、市区町村教育委員会（以下：市区町村教委）で、参加は任意でした。

愛知県犬山市教育委員会は、全国学力テストに唯一の不参加でした。このような教育委員会を参加させる強制力を文科省は持っていませんが、文科省の意に沿わない教育委員会は、希望しても、強制的に参加を認めないことにしました。

「公表するなら、平均正答率は市長に提供しない」としていた泉佐野市教委でしたが、私が「対立は避けたいが、賛同しないなら教育予算を再検討する」としたことにより、確認文書には、「泉佐野市教委は公表しないが、市長は立場が違う。市長は実施要領順守の対象外として参加を認めてほしい」と、順守の確約を保留して、文科省へ返答しました。

平成25年1月23日付けで、文科省から「学校別成績については、非公表とする実施要領を順守したうえで、参加するように求める」とした通知が届きました。全国学力テストを担当する学力調査室は「このままでは、泉佐野市は参加できない」と声明しました。

大阪市の橋下市長は、「文科省が、泉佐野市をいじめにかかっている。公表の可否は地域で判断させたらいい。学校別成績の公表が、社会の混乱を招くとか、教育現場が混乱するというのは言い過ぎ」と、文科省の対応を批判しました。

1月28日（月）、単身上京して、下村博文文部科学大臣（当時）へ、「学校別成績の公表については、柔軟に各自治体の判断に委ねるべき」とした要望書を、直接お渡しできませんでしたが提出しました。

このときは、下村大臣をはじめ、自由民主党、日本維新の会など、100名を越える国会議員の事務所を訪問し、要望書を提出しました。後援会へのあいさつ回りでも100件も回れば疲れてきます。説明も加えて100件以上の事務所を訪問しましたので、かなり草臥れました。

平成25年2月1日付けで、下村大臣から「結果の公表については、さまざまな意見があり、平成26年度以降の調査については、あらためて取り扱いを検討したい。そのうえで、平成25年4月実施の全国学力テストには、現行の実施要領に沿うように求める」とした通知が届きました。

2月7日（木）、文科省で面談した初等中等教育局長からは、「平成26年度以降の全国学力テストの学校別成績の取り扱いは、自治体の判断に任せることも含めて検討する」とありました。

2月8日（金）、閣議後の記者会見で、下村大臣は、「保護者や地域などへの説明責任があり、各自治体の首長とも相談しながら、（自治体による学校別成績の公表について）最終的な判断をしたい」と述べました。

このように、文科省が学校別成績公表の可否を検討する姿勢に転じたことを受け、平成25年実施の全国学力テストには、これまでの実施要領を順守し、公表しない上で、参加することになりました。

平成25年4月24日（水）、4年ぶりに悉皆方式の全国学力テストがおこなわれ、参加校は、国公私立合わせて3万962校、小学6年生と中学校3年生の約228万7000人が参加しました。民主党から自由民主党への政権交代により、平成26年度以降も悉皆方式で実施されることになりました。

7月に、約1万3000人の保護者と約1000校の小中学校、自治体の首長、教育委員会を対象に、アンケートが実施されました。学校別成績の公表に関し、「市区町村教委も公表可（賛成）」

「市区町村教委は従来どおり公表不可（反対）」のアンケート結果は、

都道府県教育委員会	賛成40・4％	反対42・6％	その他　17・0％
市区町村教育委員会	賛成17・0％	反対79・3％	その他　3・7％
都道府県知事	賛成44・4％	反対24・4％	その他　31・1％
市区町村長	賛成33・7％	反対61・8％	その他　4・4％
学校	賛成19・8％	反対77・5％	その他　2・6％
保護者	賛成44・5％	反対51・9％	その他　3・5％

となりました。全体的に反対が多数ですが、注目すべきは、都道府県知事では、賛成が大きく上回り、都道府県教育委員会（以下：都道府県教委）、保護者では、賛成と反対がわずかの差でした。

このアンケートでは、「都道府県教委による市区町村別成績の公表」についての質問もありました。都道府県知事の40％、都道府県教委の27・7％、保護者の43・8％の賛成に対し、市区町村別の賛成は11・6％でした。

文科省による都道府県別成績の公表へのストレスが溜まっていたのでしょうか。「学力の問題は、都道府県だけの責任ではない」と言わんばかりに、都道府県知事、都道府県教委では、相対的に学校別成績、市区町村別成績の公表に賛成の回答が多くありました。

平成25年10月21日（月）、文科省の「全国的な学力調査に関する専門家会議」が開催され、「一部自治体から公表を求める声が強く、序列化につながらない公表方法を検討し、11月にまとめる」と、実施要領を見直す方向で検討に入りました。

11月15日（金）、専門家会議では、「学校を設置する教育委員会の判断で、公表を可能とする」提言がまとめられました。しかし、学校別成績だけを公表することは避け、「各学校の改善すべき項目」「課題が多い学校への支援策」などを合わせれば、公表を認めるとされました。

11月29日（金）、文科省から実施要領見直しの発表があり、全国学力テストの学校別成績は、平成26年度から「市区町村教委で公表可能」になりました。

大阪市の橋下市長は、

「保護者は、こどもが通っている学校の点数を知りたいのは当たり前のこと、今回の見直しは極めて筋の通った方針」

とコメントしました。橋下市長は、大阪府知事のときから、市町村別成績を公表し、大阪市長就任後は、全国学力テストの学校別成績を公表すると明言していましたので、この件では何度も電話で、アドバイスをいただきました。

「教育関係者だけで情報を独占すべきでない。公表は大歓迎だ」

保護者からのアンケートを取って、平成24年度実施分（抽出方式に県負担で参加）の学校別成績を一早く公表した、佐賀県武雄市の樋渡啓祐市長（当時）は、文科省の見直しを評価しました。

平成26年8月4日（月）、武雄市を訪問し、「先進的ＩＣＴ利活用教育推進事業」、算数や理科の「反転授業」、公立小学校と民間学習塾「花まる学習会」の連携による「官民一体型学校」など、学力向上の取り組みを視察しました。また、武雄市教育委員会の浦郷究教育長（当時）から、「全小中学校の学校別成績の公表をおこなうことで、地域・保護者が関心を持ち、学校・家庭・地域の市民全体で教育を考えることにつながった」

とありました。

平成30年11月11日（日）、「介護の日」に開催しました泉佐野市制70周年記念事業「介護甲子園フェスティバル」の対談セミナーでは、武雄市長を退任した樋渡氏にご出演いただきました。

平成26年4月22日（火）、平成26年度全国学力テストが、前年に続いて悉皆方式でおこなわれました。泉佐野市では、教育委員会の協議を経て、公表の条件である「順位付けをせず」に、各学校の分析等をおこなった上で、学校別成績をホームページで公開しました。

令和2年度は、4月16日（木）に予定されていましたが、新型コロナ感染症拡大による緊急事態措置で一斉休校になり、全国学力テストは中止になりました。令和2年度は中止になりましたが、平成26年度から令和元年度まで、泉佐野市は小学6年生が少ない小規模校以外の学校別成績を公表してきました。

学校別成績の公表は、解禁されるまで、全国的に注目が集まった話題でしたが、いざ公表が始まると、大きな混乱もなく至っています。学校の序列化につながっていませんし、過度な競争も生じていません。公表に問題があると騒いでいた学校現場に、あらためて閉塞感を覚えました。

泉佐野市では、毎年1月の教育委員会表彰で、全国学力テストで優秀な成績であった小学校1校、中学校1校を「学力優秀校」として表彰しています。

国旗国歌条例／教育行政基本条例

平成11年8月13日公布の「国旗および国歌に関する法律（以下：国旗国歌法）」により、法的に「日の丸（日章旗）」を国旗、「君が代」を国歌とすることが定められました。

「日の丸」と「君が代」の歴史は古く、日の丸は、701年に文武天皇《もんむてんのう》が朝賀《ちょうが》の儀において、「日像」の旗を掲げたと「続日本紀」にあります。君が代の歌詞は、「古今和歌集」に由来し、「詠み人知らず」として長寿を祝う「賀歌」の筆頭に収められていました。

平成23年6月13日（月）、「大阪府の施設における国旗の掲揚および教職員による国歌の斉唱に関する条例（以下：国旗国歌条例）」が施行され、平成24年2月28日（火）、「大阪市国旗国歌条例」が施行されました。

教育基本法第2条（教育の目標）第5項に、「伝統と文化を尊重し、それらをはぐくんできた我が国と郷土を愛するとともに、他国を尊重し、国際社会の平和と発展に寄与する態度を養うこと」とあります。どちらの条例も、教育基本法に基づいた目的になっています。

学習指導要領に、「入学式や卒業式などにおいては、その意義を踏まえ、国旗を掲揚するとともに、国歌を斉唱するよう指導するものとする」とあり、小学1年生から中学3年生まで、国旗国歌に正しい認識をもたせ、儀式にふさわしい態度と行動の在り方を理解させる指導の実施があります。

泉佐野市も、国旗国歌法、教育基本法、学習指導要領の趣旨を踏まえ、市の施設における国旗の掲揚および教職員等による国歌の斉唱を定めた「泉佐野市国旗国歌条例」を、平成24年12月議会に上程しました。

泉佐野市国旗国歌条例（要旨）

第1条（目的）市民、とりわけ次代を担う子どもたちが伝統と文化を尊重し、わが国と郷土を愛する意識の高揚に資するとともに、他国を尊重し、国際社会の平和と発展に寄与する態度を養うことを目的とする。

第2条（定義）市の施設とは、教育委員会所管の学校施設・市の供用施設で、教職員とは、市の設置する幼稚園、小学校、中学校に勤務する校長（園長）、教員、その他の者である。

第3条（国旗の掲揚）利用者の見やすい場所に国旗を掲げる。

第4条（国歌の斉唱）学校行事の国歌斉唱では、教職員は起立により斉唱をおこなう。市の行事における国歌斉唱では、市の職員（特別職を含む）について準用する。

第5条（市長および教育委員会の責務）　国旗掲揚・国歌斉唱が適切におこなわれるために必要な措置を構ずる。

附則　平成24年12月21日施行

泉佐野市と大阪府・大阪市の条例における違いは、公立学校の入学式・卒業式などの学校行事において教職員に準用しているだけでなく、泉佐野市の行事において国歌を斉唱する場合も、市の職員に準用しているところです。

この条例が審査された総務産業委員会における某政党議員との質疑応答を抜粋します。

「（某）……某政党議員、（千）……千代松」

（某）「国旗国歌法が制定されたときに、この法律を理由に強制することはないと、当時の首相が答弁していた。その法律の趣旨に反するような条例を制定することは非常に問題である」

（千）「その強制は、国民に対しての強制で、今回の条例も、市民に対して強制するものではない」

（某）「公務員は従うのが当然という考えで強制している。日の丸・君が代の歴史が、アジア諸国にどのようにとらまえられているのか、歴史の事実に立脚すべき。公務員を従わせて、暗に権力の象徴を押し付けている。この条例の制定は全く認められない」

（千）「卒業式等での国歌斉唱の起立は、慣例上の儀式的な所作と定義されており、起立を命じた職務命令に関しては、個人の歴史観や世界観を否定するものではなく、特定の思想の強制や禁止、告白の強要と言えず、思想、良心を直ちに制約するものではないと、最高裁の判決にある。国旗・国歌を戦争に結びつけて自虐史観を植えつけるのでは、国家を愛する心を育めない」

（某）「日の丸・君が代は歴史の中で問題を残したシンボル。アジアと周辺諸国に拒否反応がある。戦争責任をきっちり反省していない。明らかに思想・信条・良心の自由を保障している憲法に違反している。この条例を制定する目的は何なのか？」

（千）「条文をお読みください」

地方公務員法第31条（服務の専制）に、「職員は、条例の定めるところにより、服務の宣誓をしなければならない」とあり、同第32条（法令等上司の職務上の命令に従う義務）に、「職員は、その職務を遂行するに当たって、法令、条例、地方公共団体の規則および地方公共団体の機関の定める規定に従い、かつ、上司の命令に忠実に従わなければならない」とあります。

法令に基づいて、一定の行為を命ずることと、「思想・良心の自由侵害」とは別問題であり、市職員が部下に対して、国歌斉唱等を命じたとしても、それはあくまで「外的行為」を命ずるだけあって、思想・信条の変更まで命じているわけでなく、思想・良心の自由侵害にはあたりません。

某政党議員の質疑後、賛成の議員から、

「オリンピックで、日の丸を掲げることをめざして頑張っているスポーツ選手がたくさんいる。国旗をすぐに戦争と絡めるのはいかがか」

「国旗国歌の持つ意味をしっかりと子どもたちに教えていくべき」

という意見がありました。

オリンピックだけでなく、ＦＩＦＡワールドカップをはじめとするスポーツイベントでは、国旗掲揚、国歌斉唱は、なくてはならない儀式となっています。令和元年に日本で初めて開催されたラグビーワールドカップでは、ある出場国の選手が、

「マスコットキッズが、国歌を最後まで歌ってくれた。本当にうれしかった」

と感激したように、国旗掲揚、国歌斉唱は、出場国への敬意の表れとともに、心からの歓待を示す行為にもなります。

この議会の最終日に、革新系議員が
「……一般市民には強制できないと認めている。では来賓にはどうするのか。実質的に強制するつもりなのか。世界の国で国旗国歌を強制している国は、中国しかない……」と反対討論しました。

革新系議員は、初当選以降、毎年小中学校の卒業式に来賓として出席し、国歌斉唱時には着席したままでした。

「起立しない来賓」は、ＰＴＡで問題になっていました。学校行事で、国歌斉唱時に起立しないという、その個人の政治的主張をすることに、保護者からクレームが寄せられていました。

中藤教育長は、「以前から起立斉唱を求めていたが、あらたまらず、無用な混乱は招きたくないので、条例制定も踏まえて決めた」と、最終的に起立しない来賓は、卒業式などの学校行事に招待

しないとしました。

また、革新系議員は、本会議で国歌を「天皇を讃えるような、現状に全然そぐわない歌」と時代錯誤に批判しました。天皇陛下は、日本国および日本国民統合の象徴であり、この平和と繁栄がいつまでも続くようにと願うのが現状の認識であると考えています。

国旗国歌に対し、過度な反応を見せる偏った認識が広められることを防ぎ、教育基本法改正に盛り込まれた「国を愛する心」「郷土を愛する心」を育むための責務が、地方自治体にはあります。

「国旗国歌条例」と同様に反発が強かったのが、「教育行政基本条例」です。教育行政基本条例は、大阪府で平成24年4月1日（日）に施行され、大阪市で平成24年5月28日（月）に施行されました。教育行政に関しての基本的な事項を定め、首長と教育委員会が協力しながら、それぞれの責任を果たし、さらなる教育の振興に資することを目的にしています。

泉佐野市も、市長と教育委員会が連携と協力をおこない、それぞれの役割と責任を果たしながら、複雑・多様化する教育課題の解決を図り、あわせて教育の振興に資するために、「泉佐野市教育行政基本条例」を平成25年9月議会に上程しました。

泉佐野市教育行政基本条例（要旨）

第1条（目的）　市長および教育委員会が連携および協力をおこない、それぞれの役割と責任を果たし、教育の振興に資することを目的とする。

第2条（市長と教育委員会の役割分担）　法律の規定による職務権限に基づき、適切な役割分担のもと教育の振興と充実を図る。

第3条（教育振興基本計画の策定）　市における教育の基本的な目標および施策の大綱である教育基本計画を策定する。

第4条（開かれた教育行政）　市における教育の状況に関する情報を積極的に提供する。

第5条（教育行政の点検および評価）　市長および教育委員会は、教育振興基本計画の進捗を管理するため、共同して点検および評価をおこない、必要な措置を講ずる。

第6条（施策の推進）　教育委員会は、市長と連携および教育をおこない、教職員の研修・家庭教育力の向上支援・施設の設置など、必要な施策の充実を図る。

附則　平成27年4月1日施行

この条例に対し、某政党議員団からは、平成25年3月議会、施政に関する基本方針への会派代表質問で、

「市長の権限を踏み越える教育への介入」

「教育の中立、独立を侵すもの」

平成25年6月議会、一般質問で、

「橋下維新の会の悪い流れに乗って、暴走する千代松市長」

「日本の社会をファッショ的な社会へ向かわせる」

平成25年９月議会、総務産業委員会で、

「千代松市長が、これから未来ある子どもたちの教育に関して、大きな発言力を持つということが、泉佐野市の子どもたちにとって不幸なことであり、心配でならない」

諸々の反対意見が出ました。一方で、泉新の会、辻野隆成議員からは、

「とても良い条例と思う。反対している意味が全然わからない。予算の執行権者である首長が、教育委員会と連携して、点検・評価できるのは、本当に良いことだ。話は変わるが、国旗を物干しと一緒に掲揚している保育所がある。きちんと指導すべき」

とありました。

某政党議員団の反対意見に対して、中藤教育長は、

「教育行政基本条例を策定する意義は、教育課題が山積する中、保護者や市民の方々も教育に関しては、非常に関心を持たれているし、色々な不安も持たれている。そのような中で、教育振興基本計画を努力義務ではなく、今後10年間の教育ビジョンを示すということを条例に明記し、作成していくことが重要である。

教育現場では、全国的に深刻な問題が起きており、泉佐野市でも、そういう深刻な状況が起きたときに、教育委員会だけでは判断できない、市長の判断もいただくことがあると考える。条例で

市長と連携し、対応していくことを明確化することで、保護者や市民の方々にも安心していただける」

と答弁しました。

泉佐野市教育行政基本条例は、教育予算執行権限や、教育財産の取得・処分権限、契約締結権限を有する市長と、教育そのものの実施権限を有する教育委員会が連携、協力し、教育行政をさらに発展させていくための条例です。

法律では、努力規定になっている教育振興計画を策定し、点検・評価をおこない議会に報告し、議会や市民の方々に教育目標や実施状況などを理解されやすいかたちで情報開示をしていくものです。点検や評価によって、さらなる改善が図れます。

教育行政は、教育委員会が主体でおこなうというのが、現状の教育委員会制度です。一方、教育施策にどのような予算を付けるのかは、首長の予算執行権限であります。教育はまちづくりの根幹であり、市行政からして、最重要分野であることは間違いありません。

教育行政基本条例の制定は、泉佐野市が、大阪府、大阪市に次いで全国で3番目でした。首長の教育への介入など、反対勢力からは色々な批判がありました。しかし、首長と教育委員会には、それぞれが有する権限・責任があり、連携と協力を深めながら取り組んでいくのは当然です。

学校現場でのいじめや、体罰からの自殺という深刻な事件が発生したときに、教育委員会の体質が問われました。隠ぺい体質や身内に甘い組織になっていることが指摘されました。教育委員会不要論が高まり、日本維新の会は、教育委員会制度の廃止法案を国会へ提出したこともありました。翻《ひるがえ》って、私は、教育委員会の権限を強くするために、教育委員会の裁量によって自由に使える枠予算を配分しました。「泉佐野の未来を創る教育事業」として、防災教育や学力向上プロジェクトチームの取り組みに充てられています。

また、教育委員を5名から7名に増員し、増やした2名を公募しました。平成27年4月1日施行の法改正で、首長が任免する「教育長」が地方自治体における教育行政の責任者となり、教育委員長が廃止されましたので、現在は6名です。

平成27年の教科書採択で、育鵬社の「歴史」「公民」を採択し、令和2年の教科書採択で、育鵬社の「公民」を採択した、泉佐野市教育委員会の教育長・教育委員の任命同意に、某政党議員団が反対したこともありました。

平成27年11月に策定しました「泉佐野市教育振興基本計画」も5年を経て、中間時期になりましたので、条例に基づき、点検と評価をしてまいります。

自衛隊と泉佐野市

泉佐野市役所庁舎の横壁に、（公社）全国自衛隊家族会大阪府家族会泉南地区会から、ご寄贈いただいた「自衛官募集中」の懸垂幕を掲げています。また、庁舎正面玄関には、「自衛官募集中」

ののぼりを立てています。自衛官の募集に関しては、自衛隊法第97条第1項で、「都道府県知事およびに市町村は、政令で定めるところにより、自衛官および自衛官候補生の募集に関する事務の一部をおこなう」と規定されています。

しかし、「命より金もうけ、千代松市長をたおそう!」と、私を批判する団体から、「自衛官募集中の垂れ幕、のぼりを市役所庁舎から撤去せよ」とありました。このときの本題は、「自衛隊への名簿提出をやめさせること」でした。泉佐野市は、18歳から22歳になる市民の名簿を、自衛官募集をおこなう自衛隊協力本部に提供しています。理由は、自衛官募集に関する事務だからです。

自衛隊法第97条を根拠に説明しても「根拠にならない」と反ってきます。自衛隊法施行令第120条（報告または資料の提出）は、「防衛大臣は、自衛官または自衛官候補生の募集に関し必要があるときは、都道府県知事または市町村長に対し、必要な報告または資料の提出を求めることができる」としています。

住民基本台帳法第11条（国または地方公共団体の機関の請求による住民基本台帳の一部の写しの閲覧）は、「国または地方公共団体の機関は、法令で定める事務の遂行のために必要である場合には、市町村長に対し、住民基本台帳の一部の写しを、指定する職員に閲覧させることを請求することができる」と定めています。

住民基本台帳法第37条（資料の提供）は、「国の行政機関または都道府県知事は、それぞれの所掌事務について必要があるときは、市町村に対し、住民基本台帳に記録されている事項に関して資料の提供を求めることができる」と定めています。

これだけの法的根拠があるにも関わらず、「本人の承諾もなく個人情報を自衛隊に渡すことは認められない」「自治体労働者は、かつて赤紙配布など戦争の担い手とさせられたが、二度とこの過ちを繰り返してはならない」と反ってきます。

平成26年11月17日（月）、社民党の福島みずほ議員が、

「市区町村が大量の個人情報を自衛隊に提供することは違法と考える、また本人の同意を得ないで、個人情報が国の機関に提供されるのは問題である。政府の見解は？」

と質問したのに対し、安倍首相（当時）は、

「自衛隊法第97条第1項および自衛隊法施行令第120条の規定は、自衛官および自衛官候補生の募集に関し、必要となる個人の氏名、生年月日等の情報に関する資料について、防衛大臣が市町村の長に対し、提出を求めることができる法令上の根拠である。

また国の行政機関は個人情報取扱事業者から除外されており、（中略）法令の定める所掌事務を遂行するために必要な場合、個人情報を保有するに当たり、本人の同意は必要とされていない」

と答弁しました。

閲覧では協力本部の自衛官が対象年齢者を書き写すのに、数日かかっていたため、泉佐野市は、平成28年度から紙媒体で、令和2年度から電子媒体で提供しています。防衛省の発表では、このような提供をしている自治体は、半数にも満たない状況ですが、どのように協力するかは、地方自治

体の判断であります。

その団体は、「懸垂幕の撤去」「名簿の提出」以外に、「自衛官募集説明会の案内を二度と市報に差し込ませないこと」も求めてきました。泉佐野市は市報に説明会の案内を入れるだけではなく、成人式に出席する新成人たちへ渡す資料にも案内を入れています。

他の自治体と比べて、積極的に自衛官募集事務を実施していることへ、自衛隊を否定する人たちが、「憲法改悪や戦争、徴兵制につながる」と、話を飛躍させて攻撃してきます。このような人たちも確かにいますが、今こそ、自衛隊が存在する意義を、全ての国民があらためて理解しなければならないときだと考えています。

東アジアを取り巻く状況では、領空や領海への侵犯は常態化し、隣国による弾道ミサイル発射は、その技術が高度化されており、さらなる脅威になっています。東アジアだけでなく、中東における民間船舶の航行も安全が脅かされています。サイバー攻撃からの防御という新たな課題にも早急な対処が必要になっています。

令和元年8月大雨、房総半島台風（台風15号）、東日本台風（台風19合）、令和2年7月豪雨（熊本豪雨）と、令和に入ってからも、尊い人命を奪い去る自然災害は相次いで発生しています。自衛隊の災害派遣では、人命救助活動を最優先する、その献身的な姿が、連日のように報道で流れてきます。

「目に見えない敵との戦い」、世界的大流行となった新型コロナ感染症に対しては、クルーズ船

「ダイヤモンド・プリンセス号」への対応、空港における検疫支援、宿泊施設への輸送支援、自衛隊病院への感染者の受け入れなどの最前線での活動に加えて、令和２年4月の緊急事態宣言発令後は、都道府県からの要請を受けて、対策に従事する職員への防護教育などもおこなわれました。

このように、国家の安全と国民の生命を守る、自衛隊が少子高齢化という厳しい環境により、人的基盤が弱体化している現実に対して、多くの国民が理解し、地方自治体もその役割を果たす必要があります。

10年前の東日本大震災で、自衛隊は最大時に10万人を越える体制で、人命救助、生活支援、原子力災害への対応にあたりました。また、米軍による「トモダチ作戦」に際しては、自衛隊が協力し、日米が共同しました。この東日本大震災への自衛隊の対応を世論調査では、約98％が「評価する」と回答しました。

東日本大震災の惨状を目の当たりにして、自然災害に対しての市民の防災意識が、これまでにないぐらい高まりました。泉佐野市でも、自主防災組織の結成や市民の防災士資格の取得を支援しました。平成23年3月時点で11団体だった自主防災組織が、現在は82町会・自治会で、77団体まで増え、自主防災組織連絡協議会も設立されました。

全国の防災士が、令和２年度で20万人を越えました。約３６０の自治体は、防災士の講座や試験の費用を助成する制度を設けています。泉佐野市も平成28年度から講座と試験費用を全額助成する制度を設け、令和２年度までに４６１名（職員および教員も含む）が資格を取得しました。地域における防災リーダーとしての活躍を期待しています。

多くの自治体では、退官した元自衛官を自治体職員として採用し、危機管理の業務にあたらせています。泉佐野市は平成25年度から、前職が高知県防災監であった元自衛官を採用しました。

泉佐野市が採用した元自衛官は、阪神淡路大震災のときに、中部方面総監部の防衛部運用班に所属しており、部隊運用の経験を持っています。現在、泉佐野市では、毎年11月の第一日曜日を「市民防災の日」とし、大防災訓練を実施しています。元自衛官は、「大防災訓練」や「大阪８８０万人訓練」で、これまでの経験を活かし、頑張ってくれています。

「防災フェスタ」や「避難訓練コンサート」の防災イベントも開催してきました。防災フェスタでは、海上保安庁の関空海上保安航空基地と泉州南広域消防本部の合同による水難救助訓練、防災アトラクションなどがおこなわれました。

避難コンサートは「もしもコンサート中に大地震が発生したら……」という想定で、エブノ泉の森大ホールから避難する訓練を実施しました。これにより、イベント中の対応方法や避難ルートを確認しました。

どちらの催しも、海上自衛隊のコンサートを開催し、防災フェスタでは「舞鶴音楽隊」、避難訓練コンサートでは「東京音楽隊」にお越しいただきました。東京音楽隊は、オリンピックや天皇陛下御即位の国家行事で演奏し、その評価は国内に留まらず、世界各国からも招待を受けるほどの音楽隊です。

コンサートのボーカルは、泉佐野市出身、海上自衛隊の歌姫、中川麻梨子海曹が務め、音楽隊のすばらしい演奏とともに、澄み渡る美しい歌声を市民に披露し、故郷に錦を飾られました。

防災に関する取り組みでは、自衛隊との関係、連携が深まります。それは、国民の生命と財産を守ることに対して、自衛隊が重要な役割、そして災害時の任務を担っているからです。

自衛隊の日々の生活を体験し、そして職員が災害発生時に冷静かつ正確な行動ができるように、防災も含めての研修を受けるため、泉佐野市は平成25年度から、陸上自衛隊信太山駐屯地で、「陸上自衛隊内生活体験研修」を実施しています。課長代理級に昇格した職員を対象とした職員研修です。初年度は11名の昇格者とともに、私と当時の人事課長も参加しました。

「研修日程」

（1日目）

10時00分～　着隊および受付

10時15分～　被服貸与

10時30分～　開始式

10時40分～　隊内規律学習（ベッドメイキング等）・訓練準備

11時30分～　食事・休養

12時30分～　自衛隊概要ＤＶＤ鑑賞

13時10分～基本教練1（敬礼・整列・行進・号令など）
15時00分～防災講和・人命救助システム説明・見学
16時10分～修史館（資料館）見学
17時00分～食事・入浴
19時30分～自己啓発時間（自習時間）
21時00分～清掃
21時30分～日夕点呼
22時00分～消灯準備
23時00分～消灯

（2日目）
5時40分～起床・日朝点呼
5時47分～食事および訓練準備
7時30分～行進訓練（14km）
11時30分～食事・休養
12時30分～感想文作成・被服返納・清掃
14時40分～終了式

15時00分　～　除隊

東日本大震災における信太山駐屯地第37連隊の支援活動や、東南海・南海トラフ巨大地震に対しての講義を受けました。２日目、14kmの行進訓練は、10～20kgのリュックを担いで演習場内を行進します。慣れない自衛隊の革靴で、足の皮がめくれました。

引率の教官が、「陸上自衛隊の行軍訓練は、約３倍の40kmになる。行軍訓練のあと、すぐに戦闘準備にとりかかり、続けて４～５日の演習をおこなう。そのように統制のとれた約９００名の隊員が、日々みなさまの近くにいるということを知っておいてほしい」と言われたのが、心に残っています。

この研修の模様を「広報いずみさの」の表紙としました。それに対して、市職労へ「怒りが込みあがりました」というメールが届いたそうです。内容は、

「広報の表紙を見て驚いた。自衛隊の宣伝ではないか。職員を鍛えるために自衛隊へ入隊させ、軍の規律を教え、国防の思想を植え付けるのが目的だと解する。……自衛隊は、労働組合を攻撃の的にしている。自衛隊の思想調査、スパイ諜報行為が明るみに出たことはつい最近の事だ。……（研修に）行かされた職員は、気の毒だ。本心、どう考えているのだろうか。行かなかったらクビになるかも、査定で最低ランクになるかも。もう恐怖政治だと察する。職場の雰囲気も想像できる。……僕が公僕として信頼し、業務を委託している公務員のかたがたは、納税者市民のために働

いてくれる存在であり、決して橋下氏ら維新の会が主張する首長の手下、下僕ではない。……」

自衛隊は、「国民の生命と財産を守る」という一番重要な任務を担い、国民に寄り添った存在であるにも関わらず、自衛隊を軍国主義に結びつけて、このように目の敵にする人たちがいます。

平成26年度は14名、平成27年度は自衛隊の都合で中止、平成28年度は7名、平成29年度は10名、平成30年度は11名と、平成25年度から合計53名（私と人事課長は除く）が職員研修に参加してきました。令和元年度と令和2年度は、コロナ禍で中止になりましたが、収束後は必ず再開したいと考えています。

ワタリガニ条例

泉佐野市が特産品相互取扱協定を結ぶ、青森県弘前市に、「弘前市りんごを食べる日を定める条例」という条例があります。弘前市は、りんごの収穫量、出荷量ともに日本一です。広大なりんご農園へ、泉佐野市から就労支援事業で若者を派遣してきました。「日本一のりんご産地」という市民意識を高めるために、毎月5日を「りんごを食べる日」と定めています。

同じく、特産品相互取扱協定を結ぶ、宮城県白石市に、「奥州白石温麺《うーめん》振興条例」という条例があります。４００年以上の歴史がある白石温麺は油を用いず、でんぷんを振りかけながら製麺されます。食べやすいように、長さ９㎝程度で束にされるのが特徴です。この条例は、白石温麺の普及促進を図る条例で、毎月7日を「白石温麺の日」と定めています。

愛媛県八幡浜市の大城一郎市長が、健康都市連合日本支部の支部長のとき、泉佐野市を次期大会開催地に指名されました。その愛媛県八幡浜市に、「八幡浜ちゃんぽん振興条例」という条例があります。代表的な郷土食である、八幡浜ちゃんぽんの知名度向上と次代への継承を図る条例で、八幡浜市が設置された3月28日を「八幡浜ちゃんぽん記念日」と定めています。

全国的に、特産品や地域資源の普及促進や知名度向上を図り、地域経済の振興をめざす条例は、この他にも多数制定されています。泉佐野市は、「泉佐野市ワタリガニの普及の促進に関する条例（以下：ワタリガニ条例）」を平成28年3月議会に上程しました。

泉佐野市ワタリガニの普及の促進に関する条例

第1条（目的）　この条例は、古くから豊富な漁場の大阪湾に面した漁港を有する泉佐野市において、大阪府内で有数の漁獲量を誇るワタリガニの魅力を市の内外に発信することにより、ワタリガニの普及の促進を図り、もって漁業振興および地域経済の活性化に資することを目的とする。

第2条（市の役割）　市は、ワタリガニの普及の促進に必要な措置を講ずるよう努めるものとする。

第3条（事業者の役割）　ワタリガニに関わる事業者（以下「関連事業者」という。）は、ワタリガニの普及の促進に関して主体的に取り組むとともに、市および事業者と相互に協力するよう努めるものとする。

第４条（市民の協力）　市民は、市および関連事業者がおこなうワタリガニの普及の促進に関する取組に協力するよう努めるものとする。

第５条（知名度向上の推進）　市民、事業者および市は、写真を撮影する際にワタリガニを表す姿勢をとることを求めることその他の方法により、ワタリガニの魅力を市の内外に発信し、ワタリガニの知名度の向上に努めるものとする。

附則　この条例は、公布の日から施行する。


ワタリガニ条例で特徴的なことは、写真を撮るときに、ピースサインの両手を顔の横付近に持ってくる「ワタリガニポーズ」をし、あわせて掛け声を「はい、ポーズ」ではなく「せーの、ワタリガニ！」とするところです。

写真撮影のポーズと掛け声を条例に盛り込んだ理由は、例えば、特産品相互取扱協定を結ぶ、栃木県佐野市では、撮影の際に、「イモフライ！」と、特産品のイモフライを掛け声にしています。また、浜松市のうなぎパイ工場では、「うなぎパイ！」を掛け声にしています。

語尾を「い」の段にすることで、口元が「ニッ」となります。ワタリガニのダブルピースと、ワタリガニの語尾である「ニ」が、写真撮影のポーズと掛け声に当てはまったので条例に盛り込みました。現在は、「関西航空少年団」が、ワタリガニポーズの普及に、頑張ってくれています。

条文にもありますように、泉佐野市は古くから漁業が盛んなまちです。しかし、最近の漁食離れに伴う、魚価の低迷、漁業人口の減少などが大きな課題になっています。そこで漁業の魅力を高めるために、これまでの魚を獲る漁業から「つくり育てる漁業」への転換を進めています。

具体的には、「抱卵ガザミ（ワタリガニ）の放流事業」を泉佐野漁業協同組合と実施し、資源が豊富な漁場の回復を図り、担い手にとって魅力ある漁業をめざしています。これは、卵を持ったワタリガニを、市場への流通前に、泉佐野漁協が買い取り、沖合まで運んで放流する事業です。事業費の2分の1を補助しています。

令和2年度は、5月から6月にかけての40日間で、1568匹、約1tのワタリガニを放流しました。この事業が始まった平成11年の約2倍まで、ワタリガニの漁獲量は回復しています。大阪府内では第1位の水揚げを誇り、全体の約半分を占めています。

「泉州タオル」は、泉佐野市を代表する特産品であることを多数の市民が周知していますが、ワタリガニに関しては、周知されていない状況があり、ワタリガニ条例の制定に至りました。

このワタリガニ条例に対し、某政党議員は、

「なぜワタリガニの普及促進を図る条例なのか。条例で市民に協力を求めると、がんじがらめの市になる。写真撮影の際にワタリガニを表す姿勢を求めることを、条例で決める必要があるのか。地場の特産品の普及や促進は条例になじまない。学校現場などで、条例だからという理由で、子ど

もたちに押しつけるな」

と反対しました。

某市民団体も宣伝カーで、

「人権よりもワタリガニ権を守るような条例」

と大きなマイクを使って訴えました。ビラにも、

「ワタリガニ条例ができました。泉佐野の恥です。廃止させましょう」

と記しました。いくら私が嫌いでも、このような条例に「大の大人」が目くじらを立てて、あげつらう姿は、とても異様に映りました。

あまり知られていませんが、泉佐野市は大阪府内で一番大きな漁港のあるまちです。泉佐野市住吉町の「食品コンビナート」はもともと漁港として整備されました。しかし、漁業の衰退期に入ったため、食品加工業の集積地として活用することになりました。この食品コンビナートを含め、府内では最大の漁港という位置付けです。

そのことから、私の3代前、熊取谷米太郎市長の時代から、泉佐野市長は「大阪府漁港漁場協会」の会長を務めています。しかし、大阪の漁業は、全国的に見れば、「大阪に漁業があったの?」と言われるぐらい小さな規模です。前述しました愛媛県八幡浜市の年間漁獲量は、大阪府内全体の年間漁獲量の約4倍です。

大阪の漁業は、全国での存在感が低く、天皇皇后両陛下が行幸する「全国海づくり大会」は、開

催されたことがありません。同様に「全国漁港漁場大会」も開催されたことがありませんでした。

大阪の漁業発展と存在感を示すため、泉佐野市は「全国漁港漁場大会」の誘致に取り組みました。約3年前から誘致に動き、平成29年岩手県盛岡大会の次に開催されることが決定しました。

平成30年10月26日（金）、「第69回全国漁港漁場大会・泉佐野大会」がエブノ泉の森ホールで開催されました。大阪らしくお笑いで、漫才によるオープニング、吉本新喜劇によるフィナーレで、全国からの漁港関係者を迎えました。

令和2年2月28日（金）、大阪府議会で森和臣議員（大阪維新の会）が、

「2025年の大阪・関西万博に向けて、その前に全国海づくり大会を開催していただきたい」

と要望しました。それに対し、吉村洋文知事は、

「できるだけ前向きに検討していきたい」

と答弁しました。これを聞き、海づくり大会の開催が悲願である大阪府漁業協同組合連合会の岡修会長は手を叩いて喜びました。

万博が開催される1年前、令和6年に向けて、大会経費の算出や想定スケジュールの検討が始まりました。しかし、コロナ禍によって、令和2年宮城大会が翌年へ延期となりました。それに伴い、令和3年兵庫大会、令和4年北海道大会も一年ずつ順延となりました。

万博の1年前の想定が、1年延びれば万博と重なりますので、今後、大阪大会の開催年は流動的になります。泉佐野市は、どうなろうとも、大阪漁業の発展のため、開催に向けての協力を惜しみ

ません。

大阪の漁業は、規模的に見ると小さいですが、歴史的に見ると古く、大阪の漁師、特に泉佐野の漁師の祖先「佐野浦の漁師」は、先進的な漁業を展開していた歴史があります。

泉州タオルのルーツである綿花栽培は、佐野村で盛んでした。綿花栽培の肥料となる干鰯《ほしか》を確保するため、佐野浦の漁師は、現在の長崎県五島列島周辺まで、イワシ漁に出向いていました。

約500年前の戦国時代、五島列島まで漁に出ていた佐野浦の漁師は、戦乱から逃れていた五島家の船が難破しているのを助けました。そのご褒美として、五島家の殿様から五島列島での漁業権をもらい、五島列島に移り住むようになりました。「佐野屋」という屋号が、現在も五島市内で使われています。

また、五島列島の赤島には「佐野」姓を称する家があり、斑島には「佐野原」という地名が残っており、住民のほとんどが佐野浦の漁師の子孫であったと伝えられています。五島列島と佐野の関係は幕末まで続きました。そのご縁から、長崎県五島市と特産品相互取扱協定を結びました。

約400年前の安土桃山時代、佐野浦の漁師は、文禄・慶長の役で、水先案内人や食料の補給などを務め、その手柄として、豊臣秀吉から対馬の漁業権をもらいました。漁期になると佐野浦から対馬に渡航し、イワシを獲り、干鰯を製造していた歴史があります。

対馬は朝鮮半島との交易は盛んでしたが、漁業は発展しておらず、佐野浦の漁師が最新の漁法をもたらしました。現在も対馬の「泉湾」では、佐野浦の漁師が伝えた延縄《はえなわ》漁法がおこなわれています。

江戸時代、佐野浦の漁師が水揚げした魚介類は、これまた「佐野屋（佐野の五味氏）」という廻船問屋が、一手に買い占め、佐野浦の漁師は、その佐野屋から対価を得ていました。佐野屋が建立した「佐野屋橋」が、対馬市の市街地に現存しているのを、令和元年10月28日（月）、長崎県対馬市を訪問したときに確認しました。

対馬市の部長と名刺交換をしたときに、

「同じですね」

と言われました。私の名刺には、イヌナキンの「一生犬鳴《いっしょうけんめい》」、部長の名刺には「一所懸命」とありました。

「一所懸命」は、先祖から受け継いだ土地を命懸けで守る鎌倉時代の武士に由来します。次第に、「武士が土地を守る」ことだけではなく、「命がけで物事に取り組む」「力の限り頑張る」という意味で使われるようになりました。イヌナキンのキャッチコピー「一生犬鳴」は、これをもじったものであります。

「対馬を大切に思われ、座右の銘を名刺に入れているんだ」と思いましたが、それには違う理由もありました。対馬市は、アニメツーリズム協会から「アンゴルモア元寇合戦記」の舞台として、「訪れてみたいアニメの聖地88選」に選ばれています。

圧倒的な軍勢で蒙古軍が襲い掛かる中、「一所懸命」を貫き、戦い抜いた武士や対馬の人たちの生き様が描かれている作品です。対馬市の比田勝尚喜市長や部長から薦められて作品を読みました。元寇では、蒙古の大船団が暴風雨によって壊滅し、日本は救われたという認識が一般的ですが、博多に蒙古軍が上陸する前に、対馬の人たちは、島の存亡を懸けた戦いを強いられました。アンゴルモア元寇合戦記には、ユーラシア大陸を席巻した蒙古から、対馬の人たちが受けた艱難辛苦《かんなんしんく》が描かれています。

この作品を読んで、大きな敵と戦うことを余儀なくされた鎌倉時代の対馬の姿が、総務省との裁判を前にした泉佐野市に重なりました。対馬市訪問の少し前、10月3日（木）、総務省は、「国地方係争処理委員会」が出した勧告を無視し、ふるさと納税制度からの泉佐野市除外を継続しました。やむを得ず、総務大臣を大阪高等裁判所に提訴したのが、対馬市訪問の直後、11月1日（金）でした。泉佐野市は、総務省という大きな相手と法廷で争わざるをえない状況に追い込まれましたが、対馬の人たちから、「一所懸命の強い心」をもらい、何とか乗り切れたと考えています。

対馬市訪問の翌日は、広島県福山市で開催された「第70回全国漁港漁場大会」に出席するため、同行した職員を残して、福山大会に向かいました。その飛行機、新幹線で比田勝市長と一緒でした。長崎県漁港漁場協会の会長である比田勝市長も、大会に向かう道中でした。

長崎県は、北海道に次いで、都道府県別では全国2位の漁獲量です。また漁獲できる魚種では全国1位です。対馬の漁業は長崎県内でも有数で、その対馬に、漁法を伝えた「佐野浦の漁師」をルーツに持つ、泉佐野の漁業を発展させるため、そして大阪の漁業を全国的に高めるため、これからも努めてまいります。

国際都市宣言のまち

平成29年３月23日（木）、泉佐野市は「国際都市宣言」をしました。

国際都市宣言

関西国際空港は、１９９４年（平成６年）９月４日、わが国初の完全24時間運用が可能な国際拠点空港として、泉佐野市沖に開港しました。

このことにより、市民にとって世界はより身近になり、本市ではグローバル化や多文化共生に対応したまちづくりなど、国際化の推進に努めてきました。

世界に開かれた関西国際空港の玄関都市として、さらなる国際化を積極的に推進するため、ここに「国際都市」を宣言します。

１．市民の国際理解をさらに進めます。
２．海外の友好都市との多分野にわたる交流を進めます。
３．在住外国人が暮らしやすいまちづくりを進めます。

4．おもてなしの心を持って訪日外国人を迎えます。
5．人々が異文化を知り、分かち合い、互いの個性を認めて活躍できる環境をつくります。

令和元年10月5日（土）、マレーシアのズライダ・カマルディン住宅・地方自治大臣が、泉佐野市役所を訪問しました。マレーシアの企業で、世界的なディベロッパーである、SPセティア社が手がけるプロジェクト「セティア・イズミサノ・シティ・センター（SICC）」構想の現地視察のためでした。

平成30年2月、旧りんくう中央公園グラウンド売却の公募で、SPセティア社から提案があり、15億5500万円で売却しました。SICC構想は、住宅棟・ホテル棟・MICE棟を建設する計画で、令和4年度着工予定でしたが、現在はコロナ禍の影響で、遅れが生じています。

ズライダ大臣視察の3日後、私を含めた泉佐野市の訪問団が、今度はマレーシアに赴き、SPセティア社が本国で展開する様々なプロジェクトを現地で視察しました。ワールドマスターズゲームズが開催されたペナン島にも移動して、SPセティア社のリゾートマンション等を視察しました。最終日には、日本大使公邸へ表敬訪問もおこないました。

10月15日（火）、岸和田健老大学で「ふるさと納税をめぐって」というテーマの講演をしました。平成24年10月2日（火）、「アイディア市長の奮闘記」というテーマでの講演以来、2回目でした。講演を終えて、その日のうちに関空から、中国山東省へ向かいました。

翌朝9時から、山東省の省都、済南市で開催された「山東省国際友好協力開発会議」という国際会議に出席しました。その場で、山東省威海市と友好都市協定を締結しました。泉佐野市議会からは辻中隆議長（当時）、威海市と泉佐野市を結びつけた、松浪健四郎サポーターズクラブ会長の岩谷心さんが同行してくれました。

その際、威海市は、韓国大邱広域市寿城区とも友好都市を結びました。調印を待つ隣席の寿城区長から「日本と韓国は、徴用工問題で国家間の関係が悪くなっているが、未来のこどもたちのためには、これではいけない」とありました。まさしく、その通りで、これを機会に、友好交流に向けて、お互いにそれぞれの都市を訪問することを区長と約束しました。

この会議には、山東省と友好関係にある和歌山県の仁坂吉伸知事、和歌山県議会の岸本健議長をはじめとする代表団が出席していました。また「国際友好市長フォーラム」では、私のショートスピーチの時間もありました。市長フォーラムには、フランス、ロシア、ウズベキスタンなど、16市の市長が参加していました。

10月21日（月）、泉佐野市は、ベトナム社会主義共和国の南中部に位置するビンディン省と友好都市協定を締結しました。ビンディン省の省都、クイニョン市の省庁で締結式をおこないました。この見届け人として、梅田邦夫駐ベトナム日本国特命全権大使（当時）にもご出席いただきました。

泉佐野市特別顧問、日越堺友好協会会長、元堺市議会議員の加藤均先生にご尽力いただき、締結に至りました。泉佐野市議会からは辻中隆議長、また民間団体である「リンク国際協会」のメンバーに同行してもらいました。

リンク国際協会は、海外友好都市との交流をはじめ、国際交流に関して活動する団体です。会長は、浦田遥子さん、このときは会長の代わりに、夫の浦田幸造さん、久保奥功さん、小藪晋介さん、岩谷心さんが同行してくれました。

ちなみに、浦田ご夫妻には、平成30年4月8日（日）、りんくう公園内の「ＬＯＶＥ　ＲＩＮＫｕ」オープニングセレモニーで新婚カップルとして、「ＬＯＶＥ　ＴＡＧ」を取り付けてもらいました。この「ＬＯＶＥ　ＲＩＮＫｕ」は、令和元年10月1日（火）、「恋人の聖地」に認定されました。

認定後、泉佐野市は、「恋人の聖地観光協会全国市町村長会」に加盟しました。貝塚市の藤原龍男市長が会長です。令和2年2月22日（金）、藤原市長の呼びかけで、「恋人の聖地ネットワーク災害時相互応援協定」を、全国の12市町村が締結しました。

「ベトナムの地方自治体と日本の地方自治体の友好都市提携は、今回で72件目。そのほとんどが、ここ5年以内におこなわれている。ますます結び付きが強くなるだろう」

梅田大使が言われていました。

泉佐野市では、平成28年に35人であった市内在住のベトナム人が、令和元年には２４４人になりました。コロナ禍にあって、市内在住の中国人、韓国人、台湾人等が大きく減少する中、令和３年1月に、２７２人と増えています。さらに結び付きを強くするため、職員1名のビンディン省派遣をこの締結で約束しました。

このように、令和元年10月は、１ヵ月間で海外出張が３回もありました。日本での公務を終えてから、夜行便でフライトし、翌朝から現地で公務。全ての出張日程を終えて、深夜便で帰国し、就業開始から公務に戻るというタイトな日程でありました。

24時間空港、関空に一番近いまちのメリットをフルに活かしながら、海外出張をこなしました。泉佐野市は、ビンディン省との友好都市提携で、海外友好都市が９都市となり、京都市と並び、日本で一番多く、海外友好都市を持つ自治体になりました。

３回も海外出張があった月は、後にも先にも、この令和元年10月だけですが、これは、中国湖北省武漢市で「原因不明のウイルス性肺炎」として、新型コロナウイルス（以下：新型コロナ）感染症の初症例が確認される、わずか１ヵ月前のことでした。

令和元年は、徴用工問題による日韓関係の悪化により、関空における韓国路線が減少しましたが、それを補っていたのが、中国や東南アジアからの路線で、同月の過去最高を更新し続け、暦年で初めての３０００万人を突破しました。

12月に入り、このままでは、関空の受け入れが限界に達するので、第１ターミナルのリノベーションを発表したのが、新型コロナ初症例確認の１ヵ月後でした。これにより、関空の受け入れ能力が、年間３３００万人から４４００万人に上がるとありました。

令和元年12月29日（火）、日産自動車前会長のカルロス・ゴーン被告がレバノンへ逃亡した事件ですが、プライベートジェットを使って出国したのが、関空の第2ターミナルからでした。プライベートジェット専用施設は、平成30年に開業し、主に外国人富裕層が利用していました。

令和2年1月15日（水）、日本国内で初の感染者が確認されました。しかし、まだこのときは関空－武漢の直行便は、週11便の運航がありました。ある大学の感染症に詳しい教授が「睡眠・食事さえしっかりしておけば、過度な心配はいらず」と新聞にコメントを寄せていました。この程度の認識でした。

令和2年1月の関空における総旅客者数は、同月比で過去最高となる260万人でした。しかし、1月28日（火）、新型コロナ感染症が「指定感染症」に指定され、1月30日（木）、世界保健機関（WHO）の緊急事態宣言以降は、関空の路線も減少に転じました。中国行ツアーのキャンセルなどから、2月前半は、関空の中国便に約40％の欠航が出ました。

2月1日（土）、東京丸の内ビルで開催された「大阪泉州こだわりタオル展」と「第2回東京いずみさの会パーティー」に出席するため、東京駅周辺を歩きましたが、それまでと違い、海外のインバウンドが少なく、ガランとしていました。

2月15日（土）、大阪府内のライブハウスでクラスターが発生しました。このような状況でしたが、翌日に「第27回KIX泉州国際マラソン」を開催しました。悪天候でしたが、何とか「4時間16分29秒」で完走できました。泉佐野市がホストタウン登録しているモンゴル国マラソン選手団も3年連続で出場し、男女ともに優勝、女子は3連覇を果たしました。

２月後半は、関空の中国便に約80％の欠航が出ました。韓国便に続いて、中国便の大幅な欠航で、「どこまで落ち込むのか見当がつかない」と関空関係者のコメントが掲載されていました。

３月に入ると、新型コロナ感染症の影響が本格化し、関空にとって、さらに大きな打撃となりました。３月は、政府の入国制限が強化され、関空の中国便・韓国便で95％の欠航が出ました。３月最後の週は、国際線全体でも95％の欠航になりました。そして、総旅客者数は開港以来、単月としては過去最低となる62万人でした。

令和２年３月も、それ以降の壊滅的な状況からすれば、まだマシな方でした。世界的な入出国制限と、日本国内の緊急事態宣言発令で、４月以降は、対前年同月比で99％を越える減少が続いています。もちろん、寿城区長との約束は果たせていませんし、ビンディン省にも職員を派遣できていません。

２０２０年１月～12月の暦年における総発着回数は、前年比60％減少の８万３０００回に留まり、国際線は、前年比68％減少の５万１０００回、国内線は前年比33％減少の３万３０００回と、軒並み過去最低となりました。

また、暦年における総旅客者数は、前年比79％減少の６６０万人、国際線は、前年比86％減少の３５０万人、国内線は、前年比56％減少の３００万人と、発着回数同様、過去最低となりました。

過去最高を記録した、２０１９年の総発着回数が20万７０００回、国際線が15万８０００回、国内線が４万９０００回、２０１９年の総旅客者数が３１９０万人、国際線が２４９０万人、国内線が700万人でした。この落差は強烈です。

平成30年9月4日（火）、関空は台風21号によって、A滑走路のほぼ全域が浸水、電気設備等の損傷により停電、空港連絡橋にはタンカーが衝突して閉鎖となりました。この9月こそ、総旅客者数が前年同月比の約半分まで落ち込みましたが、10月は前年同月比を上回り、すぐに回復しました。このときは、関空が受けた自然災害で最大の被害が出ました。しかし、それを遥かに上回る深刻な状況を、新型コロナ感染症がもたらしています。

令和2年3月24日（火）、東京オリパラの1年延期が決定しました。安倍首相（当時）は、「完全な形で開催するために延期する」としました。しかし、1年後の令和3年3月20日（土）、海外客の受け入れを断念することが決まりました。「完全な形で開催」は、これにより潰《つい》えてしまいました。

延期された東京オリパラに向けて、全世界からの観客を受け入れようと、政府は入国緩和を段階的に進めました。中国・韓国・ベトナムなど、感染状況が比較的落ち着いている国・地域からのビジネス往来が再開されました。

「全国若手市議会議員の会OB会」で、関空に設置された入国エリアの検疫を視察しました。私にとって、ビンディン省訪問以来、約1年ぶりの入国エリアでしたが、物々しく様変わりし、海外からのビジネス関係者を受け入れていました。しかし、変異種の出現、第3波による拡大で、再び制限されました。

東京オリパラを契機に、海外のインバウンドが回復し、関空の復活につながると期待していましたので、とても残念です。しかし、2022年の関西ワールドマスターズゲームズ、2025年の大阪・関西万博と控えていますので、ここが我慢のしどころと、前向きに堪えるしかありません。

関空がこのような状況になる前は、月に3回の海外出張も含め、関空に一番近いまちの特性を活かし、海外友好都市との交流を筆頭に、様々な事業を展開してきました。泉佐野市出身の柔道家、王子谷剛志選手がハンガリーのブダペストで開催された世界選手権に出場したときは、少人数ですが応援団を派遣しました。

王子谷選手は、やまびこ柔道クラブ出身で、東海大相模中高、東海大学に進み、現在は旭化成に所属しています。全日本選手権を3回優勝し、2回目に優勝した平成28年に、「泉佐野市民栄誉賞」を贈りました。

令和3年に入り、緊急事態宣言が再発令され、大阪市をはじめ、多くの自治体が「成人式」を延期、または、リモートでの開催としましたが、泉佐野市は、成人式を午前と午後の2回に分けて密を避け、新型コロナ対策を十分に講じた上で、エブノ泉の森大ホールで開催しました。

泉佐野市成人式は、第1部が「式典」、第2部が「抽選会」です。抽選会でメインの景品は、令和3年こそ、コロナ禍で「石垣島ペア3日間（2組）」としましたが、それまでは「海外旅行（予算上、アジアが中心ですが）」でした。

平成25年は香港でペア3日間、平成26年はベトナムでペア4日間、平成27年はシンガポールでペア4日間、平成28年は台湾でペア3日間、平成29年はグアムでペア3日間、平成30年は香港でペア3日間、平成31年はタイでペア3日間でした。

令和2年は台湾でペア3日間でしたが、新型コロナ感染症拡大によって、海外渡航が厳しくなり、行先を沖縄に変更しました。当選した新成人にはわずかな日数ですが、少しでも見聞を広めてほしいと続けてきました。

令和2年度、令和3年度は中止しましたが、オーストラリア・クイーンズランド州サンシャインコースト市へ派遣する「青少年海外研修」は、新田谷市長の強い意向で、財政が厳しい時代も継続してきた事業です。ちなみに、クイーンズランド州の州都は、2032年夏季五輪の最優先候補地であるブリスベンです。

サンシャインコースト市は、北部のヌーサ市、中部のマルーチー市、南部のカランドラ市が、2008年に合併して誕生した市です。観光地であるヌーサ市へ、合併前から派遣しており、合併後も旧ヌーサ地区に派遣していましたが、旧ヌーサ地区がサンシャインコースト市から分離したため、現在は、旧カランドラ地区へ派遣しています。

日本国内で、「合併後に分離した」自治体は、「平成の大合併」ではありませんが、第2次世界大戦中の国策による合併や、「昭和の大合併」では合併後に分離したケースがありました。神奈川県三浦郡逗子町は、戦時中の昭和18年に横須賀市へ編入されましたが、戦後の昭和25年に分離し、昭和29年に市制を施行して「逗子市」になりました。

平成29年7月、中国四川省「成都市新都区」の友好都市として、成都市で開催された「青年国際音楽祭」へ、職員で構成される「泉佐野JAPAN」を派遣しました。平成30年は「佐野高校軽音楽部」、令和元年は「五社音頭保存会」を派遣しました。保存会のメンバー、大和屋貴彦議員も大舞台で、五社音頭を披露しました。

平成29年8月、「泉佐野市少年少女合唱団」の創立40周年記念事業として、交流のある「イトロ少女合唱団」の母国であるチェコ共和国へ派遣しました。イトロ合唱団の本拠地であるフラデツ・クラーロヴェー、またバルドゥビツェというまちで、イトロ合唱団との合同コンサートを開催しました。このような音楽を通じての海外交流も展開しました。

泉佐野市は、関空開港以降、長年「通過都市」と揶揄《やゆ》されてきましたが、コロナ禍前は、訪日外国人宿泊者数で、全国ベストテンにランクインし、「世界で一番ホテルの確保が難しい」と報道もされました。訪日外国人の増加などで、泉佐野市を取り巻く国際的な環境が大きく変化していましたので、あらためて市民の国際意識を高めたいと考え、「国際都市宣言」をしました。

しかし、某政党議員から、

「……関西国際空港の玄関都市としてなる形容詞をつけた、この国際都市宣言は、市民から見れば、関空開港時ならばともかく、現在では、たちの悪いブラックジョークかとの思いを呼び起こすのではないか……」

と反対討論がありました。ブラックジョークは、「不道徳で悪趣味な冗談」という意味です。国際都市を宣言することに、不道徳で悪趣味だとする人は、反対した某政党など、ごく一部に限られると思います。

泉佐野市は、国際都市宣言にありますように、在住外国人が暮らしやすいまちづくりを進め、コロナ収束後も、おもてなしの心を持って、多くの訪日外国人を迎えてまいります。また、「橋を渡れば世界が広がる」という特性を活かし、関空を通じて、「市民が世界に大きく羽ばたいていく」「世界で通用する人材として成長していく」ひとづくりをさらに進めてまいりたいと考えています。

進化する窓口業務

令和2年12月議会で、チーム泉佐野創生の大和屋貴彦議員から、「地方独立行政法人制度を活用した窓口業務改革による広域連携・合併の模索を」という代表質問がありました。

「現在、泉佐野市は窓口業務を民間事業者に委託している状況である。今回提案する窓口業務の地方独立行政法人化は、窓口業務の民間事業者への委託をなかなか踏み込めなかった自治体のために作られた制度と考えている。地方自治体が地方独立行政法人を立ち上げて、その法人に窓口業務をやってもらうという制度である。

現在、色々な広域連携の在り方が提案されているが、私は、泉佐野市がこれから泉州地域の中心となっていく、本当に責任ある自治体だと考えている。その意味で、他の自治体を支援するようなスタンスを取っていくべきであると思っている。まだ窓口業務を民間に委託できていない自治体は、泉佐野市が設立する地方独立行政法人との連携によって、そのノウハウを広域的にシェアし、そして広域連携を推進していく流れを作っていくべきである」

という内容でした。

地方独立行政法人（以下：独法）は、住民の生活、地域社会および地域経済の安定等の公共上の見地から、その地域において確実に実施されることが必要な事務および事業であり、地方自治体が主体となって直接に実施する必要がない事業の中で、民間の主体に委ねた場合、必ずしも実施されるとは限らない事業と地方自治体が認めるものを、効率的かつ効果的におこなわせることを目的に、地方自治体が設立する法人と「地方独立行政法人法」で規定されています。その種類に、公立大学、公立病院、公立博物館・美術館などがあります。

平成23年4月1日（金）、それまでの市立泉佐野病院は、「地方独立行政法人りんくう総合医療センター」へ移行しました。新田谷市長の最後の公務が、独立行政法人化（以下：独法化）した病院のテープカットと、初理事会で策定された運営計画書の承認でした。詳しくは『型破りの自治体経営』で記しています。

この法律が平成29年度に改正されたことに伴い、独法が担える業務として、市町村の窓口業務である申請等関係事務が追加されました。これによって平成30年4月以降、民間委託では禁止されている「公権力の行使」に当たる業務を独法がおこなうことが可能となりました。

市町村の窓口業務における外部資源活用の課題として「一部の審査や交付決定等に、公権力の行使にわたる事務が含まれ、事務の一括した効果的な民間委託が困難」「町村などの小規模自治体では事務量が少なく、単独での委託先の確保が困難」がありました。法改正により、独法が外部資源活用の新たな選択肢となりました。

この新たな独法制度を活用した窓口業務改革の可能性を検証するため、静岡県掛川市が、平成30年度に国のモデル事業として、独法制度を活用した窓口業務改革事業を実施しました。この事業は、窓口業務のノウハウを蓄積し、安定的に窓口業務をおこなうため、独法での実施を前提として、市民課窓口業務の整理、分析をおこない、同時に広域での独法化の可能性についても、検討をおこなうという内容でした。

窓口業務の独法化では、法律上、民間事業者が担えなかった公権力の行使に係る事務を含めて包括的に窓口業務を担うことが可能になりました。窓口業務の民間委託では、自治体職員が受託事業者の従事者へ直接指揮命令することは偽装請負になります。

平成26年1月から東京都足立区は、戸籍事務を民間事業者へ委託しました。しかし3月に入り、東京法務局から「戸籍事務で区が判断すべき業務を民間事業者がおこなっているのは、委託できる範囲を越えている」と指摘されました。

その後、「判断基準書」や「業務手順書」に書いていない事項については、区職員に疑義を照会する「エスカレーション」という行為をおこなうことで対応しました。しかし7月に入り、東京労働局から「疑義を照会するエスカレーションを契約で定めることは偽装請負に当たる」と是正の指導を受けました。

足立区は「判断基準書や業務手順書等で定められていない事項の疑義照会については契約書の業務内容から削除する」「受託事業者の委託範囲を一部外し、区が受付することで、疑義照会が発生しない委託内容に変更する」と対応策を出しました。

これにより、「証明窓口（住民票写し・戸籍謄抄本等）の委任状・第三者請求等の受付」「住民異動窓口（転入・転居・転出等）の受付・入力」「戸籍届出窓口（婚姻・出生・死亡等）の受付・疑義の発生する届出（外国人関係等の届出）の一次入力・受理案内・審査終了後修正の発生した処理業務」が委託業務から外されました。

一方、「証明窓口の受付・入力・証明書出力・照合・交付（引渡し）」「住民異動窓口の国保・就学等処理・交付（引渡し）」「戸籍届出窓口の疑義の発生しない届出の一次入力・身分事項移記等の二次入力・附帯業務（通知作成・送付・人口動態等）」は引き続き、民間事業者へ委託されました。

窓口業務の民間委託に反対する足立区の住民と足立区の職員団体が、法務省や厚生労働省へ働きかけ、また某政党国会議員団が国会で取り上げたことから、足立区は窓口業務の全面的な委託から一部委託へ切り替えました。

平成20年1月17日（木）、内閣府からの「市町村の出張所・連絡所等における窓口業務に関する官民競争入札または民間競争入札等により民間事業者に委託することが可能な業務の範囲等について」の通知以降、公権力の行使におよぶ業務の部分を除いては、戸籍住民基本台帳業務やその補助的業務の民間委託が認められました。

戸籍住民基本台帳業務は、住民の身分関係や居住記録を公証するものであり、地方自治体における各種施策の基盤として、極めて重要な役割がありますが、必ずしも全ての業務を地方公務員がおこなわなければならないものではありません。

様々な業種の窓口対応という点では、そのサービスは、民間事業者による組織としてのマニュアル化やトラブル対応処理方法によって、個人の経験不足などを補いながらスキルアップできる仕組みが確立しています。経験やスキルの積み重ねが文書化されて、個々の対応誤差を解消できるシステムになっています。

窓口対応における市民サービスを向上させながら業務の効率化を図り、定員適正化計画に沿って、委託化を推進するため、市民課の窓口業務を民間委託する債務負担行為（限度額2億3400万円）を平成26年9月議会の一般会計補正予算で計上しました。

この直前に、足立区の偽装請負が指摘されましたので、窓口業務の民間委託を反対する某政党議員や革新系議員から、足立区の偽装請負や同年7月に発覚した大手民間企業の個人情報漏洩を取り上げての質問がありました。

某政党議員は、窓口業務を「個人情報の海」と比喩し、このような重要な業務は公務員によって遂行されてこそ、安全・安心が確保されると主張してきました。それに対して、当時の総務部長は、

「個人情報保護については、これまでも個人情報が漏洩した場合に大きな影響を及ぼす住基システムや戸籍システム等の電算管理業務は、すでにそれぞれの民間事業者に委ねているが、これまで重大な事案は起こっていない」

と答弁しました。また、この議会では、その他にも革新系議員から「政治活動について」という質問がありました。

「今年（平成26年）8月7日に、部長会で泉佐野市役所庁内管理規則の取り扱いについて依命通達が出たが、これは、庁内管理規則を根拠にして、市役所内での政党機関紙等の配布を禁止し、また受け取りを禁止するとしている。これは憲法違反ではないか。……

……この通達で一番の問題は、市役所内で政党活動や政治活動を実質的に禁止していることである。憲法第19条では、思想および良心の自由を保障しており、第21条は表現の自由を保障している。さらに今回の通達は、休み時間も含めて、この規定を適用して禁止にしている。つまり、市長は職員の私生活全部を拘束できるとする通達になっていることが問題で、いわば実質的に職員に奴隷状態を強要することがあり、これは憲法が禁止している人権の侵害に当たることは明らかである

……」

という質問でした。これについては、某政党議員団や某政党地区委員会からも、

「我が党を含む政党機関紙等の配布は、公務の正常な運営を確保する範囲内の政治活動として認められてきたものである。……政党機関紙等の配布を一方的に禁止したことは、すべての政党の政

治活動を敵視する行為であり、庁舎管理規則の趣旨からも到底容認できない。……職員が政党機関紙等から情報を得、職務に活かすことは何人も制約することはできず、一律に庁舎内で政党機関紙等を受け取ることのないようにと強制することは、職員の知る権利や思想・良心の自由を侵害するもので違憲・違法と言わざるを得ない……」

という申入れがありました。

この措置については、あくまでも市役所庁舎における秩序の維持、施設等の保全管理および個人情報保護のためで、庁舎管理規則の適正かつ厳格な運用であります。一例を挙げますと、個人情報保護のために、窓口業務を民間事業者に委託するなと言ってきますが、私からすれば、まだ誰も来ていない早朝から職員の机の上に政党機関紙を配布される方が、個人情報保護の観点からすれば、極めて好ましくないとの判断もありました。

平成26年12月議会では、「5年間の中期財政計画」で述べましたように、泉佐野市政をよくする市民連絡会の代表が請願人となった「市民課窓口業務の民間委託中止を求める請願」がありました。この中で辛辣だったのが、

「……知り得た市民の個人情報をはじめ多くの案件についての守秘義務を転任後も、退職後も終生負い続けるのが公務員である。請負業者として従事する民間業者の従業員に、公務員ほどの自覚があるのか。例えば、1、2年で、あるいは3年で、この場を去り、別の企業に転出することもある。4年間の委託契約が終われば全面的に撤退するということもある。この業務を請け負う業者同

士が情報を共有し合い拡散する可能性もある。彼らに公務員法に定められた法治を以後も、また生涯にわたって守秘するということができるのか、法的に制約があるのか、情報が散逸する危険性ははるかに高くなる。その危険性や蓋然性をどのように防御するのか知りたい。

一方、公務員だって情報秘密を漏洩するではないかとの意見も聞く。私は、厳しい採用試験で選ばれ、その後、研修を積み実績も身に着けた職員を信頼している。確かに、人間たる以上、過ちを犯す弱点は持ち合わせている。民間従業員を軽視するわけではないが、公務のプロとしての資質には歴然とした差がある。民間の臨時窓口作業員が、やがてどこかへ転職していくが、公務員は他のどの職場へ行こうとも、この市庁舎にとどまって市民と接触している……」

「民間従業員を軽視するわけではないが」とありますが、かなり軽視していますし、とても偏った考え方であります。公務員が「善」、民間事業者が「悪」のような論調に対して、公明党泉佐野市会議員団の辻中隆議員から、

「民間委託と個人情報保護を、ごちゃ混ぜにしている気がする。民であれ、官であれ、個人情報を守るのは当たり前のことである。民間でできることは民間でしてもらえばいい。個人情報保護が民間委託ではダメになるというのは短絡的である」

また、元気未来の布田拓也議員から、

「基本的には民間委託して、サービスが向上されると思うので、民間委託に賛成する。経費も少しだが削減でき、それでサービス向上につながれば意味があること。色々な問題があるという指摘

だが、委託を決める際には、問題がないように委託しなければならない。個人情報が漏洩してしまうような企業を選ぶのであれば、当然賛成はできない。民間だから情報漏洩するというのは考え過ぎ。公務員や教師でも情報漏洩をしたニュースは、たくさんある。良い委託先をきちんと選び、問題が起こらないかたちで、サービス向上につなげてほしい」

という、至極真っ当な意見がありました。

これ以降も、反対派は様々な場面を通じて、「窓口業務を民間委託すれば市民の個人情報が危ない」などの主張を繰り返しましたが、市長選挙公開討論会、2回目の市長選挙を経て、平成27年7月1日（水）から市民課の窓口業務の民間委託を開始しました。

平成28年7月1日（金）から税務課・国保年金課・高齢介護課・子育て支援課の窓口関連業務を追加し、平成30年10月1日（月）から総務課・地域共生推進課・健康推進課の窓口関連業務を追加しました。

全国における窓口業務の民間委託の実施状況（平成31年4月1日時点）は、全国の市区町村が1741団体ある中、425団体で実施されており、その割合は24・4％になります。内閣府の通知で民間委託できるとされた窓口業務のいずれかを委託しています。政令指定都市、特別区、中核市では80％以上で実施されています。それが一般市では34・9％になり、町村では9・7％と、人口規模が小さくなるほど、委託の割合が低くなっています。

窓口業務の独法化は、地方自治体が設立した独法の職員と自治体職員の間で、直接のやり取りができるため、偽装請負にはならず、業務の効率化が図れます。その他にも「業務委託契約期間の終了や委託契約事業者の変更によるサービス低下がない」「長期的な人材育成」「組織としてのノウハウの継承」「職員の専門性の確保」「柔軟な人事運営」「専門性向上による職員のモチベーション」などのメリットがあります。

大和屋議員の質問は、泉佐野市が窓口業務の独法を設立し、まだ窓口業務の民間委託ができていない、近隣市町の窓口業務の委託も受けて、広域連携やさらには合併の議論まで発展させればというう内容でした。これに対し、

「窓口業務の独法化は、とても良いご提言であると思うが、広域連携を目的として独法化するというのは、少し飛躍してしまうと考える。独法化の効果は、これまでの窓口業務の民間委託における偽装請負の問題を解消でき、公権力の行使ができるようになるのでぜひ進めていきたいが、広域連携のためにというのでは少し話が飛躍する。結果として、広域連携につながれば良いと考える。とにかく、窓口業務の独法化は、前向きに検討して進めたい」

と答弁しました。近隣市町の窓口業務の運用やシステムには違いがありますし、もちろん各自治体の首長、議会の調整などが必要です。まずは、泉佐野市での独法化を図るとしました。

そして、令和３年度施政に関する基本方針に、

「民間活力の導入につきましては、産官学民の連携や共創を踏まえ、市民サービスの向上と経費の削減に向けて効率的・効果的に取り組みを推進してまいります。とりわけ、地方独立行政法人を

活用した窓口を中心とした業務につきましては、直営や委託とは違ったより柔軟な運用を可能とする有効な業務手法であることから、行政のデジタル化推進への取り組みも踏まえながら研究を進めてまいります」

と盛り込みました。

また、令和３年度一般会計当初予算に、「窓口業務等の独法化」に向けた予算として９００万円を計上しました。国のモデル事業とされた掛川市以外に、独法を設立して、窓口業務を実施している地方自治体はまだありません。先進的な事例はありませんが、泉佐野市では、令和３年度に独法の設立に向けて具体的に進めています。

平成30年10月から始まった３年間の契約期間が、令和３年９月末に終了しますので、令和４年９月末までの１年間を、民間事業者と随意契約して、令和４年10月１日から独法による窓口業務の開始をめざしています。

窓口業務の民間委託に関する問題点を解消する窓口業務の独法化には、賛同を示してくれるのかと思いましたが、「公権力の行使も含む、地方独立行政法人による窓口業務は、際限のない公的責任の放棄である」と、某政党議員団は令和３年度当初予算に反対しました。やはり公務員でなければダメみたいです。

議会基本条例

平成25年３月議会の最終日、議会運営委員会の北谷育代委員長（当時）が提案者を代表して「泉佐野市議会基本条例」の提案理由を述べました。

「本条例は、二元代表制のもと、議決機関たる議会として、地方分権の時代にふさわしい議会をめざし、市民に信頼される活発な議会を築いていくための決意を表すとともに、今後の議会のあり方を定めるものである。経過としては、平成21年10月、議会改革検討会で、議会基本条例について検討することを決定し、その後、先進地の視察、議員研修会の開催などにより、議会基本条例の必要性を共通認識するに至った。

平成23年５月には、議会改革検討会制定に向けてのプロジェクトチームを設置し、本格的な取り組みをスタートした。それから約２年間にわたり、議会改革検討会、プロジェクトチームを中心に各種の調査活動や議員間での議論をおこない、全議員の賛同が得られるよう調整を諮《はか》ってきた。

同時に、市民との意見交換会や説明会の開催、パブリックコメントの実施による市民の意見聴取、さらには議会情報紙の発行など、当議会として初めての試みである市民に対する情報発信や情報収集活動もおこなってきた。その結果、市民の方々にもわかりやすい本案を作成し、本日、提案することになった……」

辻野隆成議長（当時）が採決し、全員賛成で「泉佐野市議会基本条例」が成立しました。「よくまとめ上げたなあ……」

泉佐野市議会出身者の一人として、感慨深いものがありました。

泉佐野市議会基本条例（要旨）

前文

議会は、市民から選挙で選ばれた議員により構成される機関である。そして、執行機関たる市長との二元代表制のもと、議決機関たる議会は監視機能を十分に発揮するとともに、評価機能の充実と政策形成能力の向上に努めながら、日本国憲法および地方自治法に基づき、地方自治の本旨の実現をめざすものである。

本議会は、市民との協調のもとに地方分権の時代にふさわしい議会をめざし、法令を遵守することはもとより、この条例の精神を理解し、実践することにより、市民に信頼され、活発な議会を築いていく。

ここに、本市の歴史と文化を生かした、夢と活力ある泉佐野市の創造に向け、市民が納める税金の重みを理解し、強い責任感を持って市民の信託に応えていくことを決意し、この条例を制定する。

第1章　総則

第1条（目的）　議会および議員の責務・活動に関する基本的事項を定めることで、地方分権時代にふさわしい議会の在り方を明らかにする、議会の活性化を図り、市民生活の向上と民主主義の健全な発展に寄与する

第2章　議会及び議員の活動原則

第2条（議会の活動原則）　情報公開と市民参加、公平性・公正性の確保、分かりやすい言葉で親しまれる議会、監視機能と議決責任

第3条（議員の活動原則）　活発な議論、市民ニーズの把握、議員としての研鑽

第4条（議会改革の推進）　議会改革検討組織の設置

第3章　市民と議会の関係

第5条（市民参加及び市民との連携）　本会議・委員会の公開、請願・陳情の取り扱い

第6条（意見交換会）　議会と市民の意見交換会の開催

第4章　議会と市長等の関係

第7条（議員と市長等の関係）　質疑応答の一問一答方式、市長等の反問権、重要施策などの報告

第8条（議会審議における論点の明確化）　7項目の情報説明「政策提案の趣旨・提案に至るまでの経緯・他の施策との検討内容・市民参加の実施の有無とその内容・総合計画との整合性・財源措置・将来にわたる効果および費用」

第9条（議決事件の拡大及び報告事項）　総合計画は議会の議決事項、法律に基づく計画は議員協議会で報告

第5章　議会の活動

第10条（議員間の自由討議）　本会議・委員会での自由討議

第11条（政策討論会）　政策討論会の開催

第12条（議会の行政評価）　政策・施策・事務事業の評価、行政評価討論会の開催

第13条（委員会）　委員会の運営、視察報告の公開

第14条（政務活動費の執行及び公開）　政務活動費の有効活用、収支報告書・領収書の公開

第6章　議会および議会事務局の体制整備

第15条（学識経験を有する者等の活用等）　専門的な調査での学識経験者の活用、公聴会制度、参考人制度等の活用

第16条（議員研修会の開催）　議員研修会を年1回以上開催

第17条（議会事務局の体制整備）　議会事務局の体制整備や機能の充実

第18条（議会図書室の充実）　議会図書室の充実

第19条（議会の情報発信）　議案の賛否を公表、本会議場のインターネット中継

第7章　議員の政治倫理、定数等

第20条（議員の政治倫理）　人格と倫理の向上

第21条（議員の定数及び議員報酬）　定数及び報酬の改正について、さまざまな要因や学識経験者の意見らを総合的に検討・判断する

第8章　補則

第22条（条例の位置付け）　条例の位置付け、改選後の議員への周知

第23条（条例の見直し）　社会情勢等を勘案して必要な措置を講ずる

附則　平成25年4月1日施行

全国初となる「議会基本条例」は、北海道栗山町議会で、平成18年5月に制定されました。それ以降、全国的に議会基本条例を制定する議会が相次ぎ、令和元年度時点で８５０を越える議会で制定されています。これは、全国の5割弱の議会で制定されていることになります。

泉佐野市議会では、北谷委員長の提案理由にありましたように、平成21年10月19日（月）、議会改革検討会で、議会基本条例を案件とすることが決定しました。平成22年10月28日（木）、泉佐野市議会の総務産業委員会では、議会基本条例の先進地である岩手県奥州市を視察しました。

総務産業委員会の委員であった私も、その視察に参加しました。私にとって、最後の常任委員会視察でした。岩手県を訪問し、緩やかに流れる北上川を眺めて恍惚《こうこつ》としました。およそ4ヵ月半後、東日本大震災の津波が北上川を大きく遡上し、多くの尊い命を奪ってしまうとは、そのとき夢にも思いませんでした。

平成21年度から、議会基本条例に関しての会議が始まり、幹事長会15回、議会改革検討会29回、プロジェクトチーム会議（以下：ＰＴ会議）51回、議員協議会2回と、実に97回も開催されました。平成23年度と平成24年度の2年間に、策定作業が集中的におこなわれたＰＴ会議が50回を越えているのが、作業のとてつもない膨大さを物語っています。

市民への情報発信、情報収集については、平成23年度から実施され、意見交換会および市民説明会4回、意見交換会等開催に伴うＰＲ活動12回、議会情報発信紙「ザ・議会」発行、パブリックコメントの実施、アンケートページ（ホームページ上）の設置などがおこなわれました。

私は、平成23年4月24日（日）、泉佐野市長に就任しましたので、このような市民へ向けた取り組みなどに加わることはありませんでしたが、泉佐野市議会の活発な動きは、席を置いていたものとして、とてもうれしく思いました。また、市議会議員のときに、議論が始まり、いよいよそれが現実に近づいていくことに気持ちの高まりも覚えました。

「千代松さん、議長になられて取り組みたいことは何ですか?」

市議会議長に就任して、当時の議会事務局長から尋ねられました。

「土日議会と図書室の設置をしたい。土日議会の開催で、どれぐらい傍聴者が増えるかはわからないが、開かれた市議会をめざすため、そのような取り組みは大事だと思う。

地方自治法で、議員の調査研究のために図書室を設置するとあるが、泉佐野市議会の図書室は、身体障害者用トイレを設置してから応接室を併用したものになっているので、きちんとした図書室を設置したい。

これらのことも含めて、議会の在り方や議会改革の話合いを、幹事長会のような場ではなく、もっと平場で議論できる会合を設けたい」

と答えました。

その平場で議論できる会合として設けたのが「議会改革検討会」で、記念すべき第1回目を、平成20年9月11日（木）に開催しました。委員会ではないので、進行役は「座長」でした。公明党泉佐野市会議員団の宮本正弘議員（当時）が初代座長に就任しました。

この議会改革検討会で、議会基本条例をはじめ、「議員定数」「議員報酬」「政務調査費（当時）」「費用弁償」「議会インターネット中継」など、議会に関しての様々なことが検討されるようになりました。

「図書室の設置」は、それまであった議長応接室を廃止して、全議員兼用の応接室とし、それまでの全議員兼用応接室を図書室にしました。この図書室には、会派で読み終えた本、また使い終えた文献などが置かれていて、他の会派の議員も読むことができます。どの会派が置いた本かは、だいたい内容によってわかります（笑）。

「土日議会の開催」は、平成21年度9月議会、12月議会で実施することが決まり、各議員が一般質問をおこなう、平成21年9月13日（日）、12月19日（土）、12月20日（日）に開催されました。9月13日は79名、12月19日は30名、12月20日は20名の傍聴者でした。

私は、普段の議会よりは、かなり傍聴者が多いと思いましたが、「土日議会を開いても傍聴者が少なかった。泉佐野市議会では土日議会はやめるべき」という声が、他会派の議員から上がり、また市職員からも「土日議会はやめてほしい」などの声が、他会派の議員に寄せられたみたいで、残念ながら、それ以降は開催されなくなりました。

令和元年度から、議会改革検討会は「議会改革推進委員会」となり、委員長、副委員長が置かれました。初年度は、公明党泉佐野市会議員団の土原こずえ議員が委員長に、新緑未来の中藤大助議員が副委員長に、それぞれ就任しました。

議会改革検討会で決まったことは「幹事長会」に諮《はか》られて最終決定となりましたが、議会改革推進委員会には最終決定権があります。「タブレット端末の導入」「議会役員の任期」など、様々な議論がおこなわれています。

議会基本条例については、議員だけでなく、条文から読み取れるように、理事者側も当然のことながら、論点の明確化をはじめ、その内容を肝に銘じて置かなければなりません。また答弁する側として、第7条で反問権が認められたことが画期的でした。

ここで、私が某政党議員へ反問した一つをあげます。某政党議員が「100人の市役所構想について」の質問をしました。約500人の市職員を将来的に「100人の市役所をめざす」としていることへの質問です。

「(某)……某政党議員、(千)……千代松」

(某)「市長は、最近、１００人の市役所なる独自の構想を、さまざまな場面で表明している。このような構想を表明することは、市民をミスリードするものと危機感を抱いている」

(千)「質問の根拠ともなる、さまざまな場面とは、どのような場面か？反問させていただく」

(某)「南部市議会議長会の研修会で、講演が終わったあと、講師へ市長が手を挙げて質問したときに、１００人の市役所をめざすと言われていた。泉州地域の議員が集まっている中で、そのような発言をするのはいかがか」

(千)「議会では、これまで何度も申し上げ、表明してきた。議員研修会では、議員ばかりで泉佐野市民はいないはず。それが市民をミスリードすることにつながるのか？」

(某)「そういった場だけに、私は驚いた。こういうことが続いては具合が悪い。それでは市民の前では言わないという答弁ととらまえていいのか？」

(千)「千代松が市役所の職員を１００人にすると、大きなマイクを使って、市民の前で言っているのは、私を批判している団体だ。そういう人たちが市民をミスリードしている。私よりもそういう人たちに、まずは控えるように言うべき問題」

このような反問からのやり取りが、さらに嫌いにさせたのかもしれません。

第1章、第2章では、私が嫌われた理由を紹介してまいりました。第3章では、「型破りの自治体経営」を含めて、これまで触れてきた施策の内容や、それからの展開、そして私の高校時代についても述べてまいります。

第3章

それからの斯々然々《かくかくしかじか》

#ふるさと納税3・0

令和2年6月30日（火）、ふるさと納税制度から泉佐野市を除外した総務省に対して、不指定の取消を求めた裁判では、最高裁判所での逆転勝訴となりました。勝訴からわずか3日後の7月3日（金）に、総務大臣からふるさと納税に指定するという通知が届きました。

7月10日（金）、制度復帰後、最初の取り組みとして、令和2年熊本豪雨で大きな被害の出た、熊本県へのふるさと納税の寄付を代理で受け付ける「代理寄付」を開始しました。

7月17日（金）、新型コロナウイルス感染症拡大の影響で、経営が悪化した「りんくう総合医療センター」支援のため、ふるさと納税を活用したクラウドファンディング（以下：ＣＦ）を開始しました。

7月30日（木）、約1年2ヵ月ぶりに、返礼品付きのふるさと納税を再開しました。第一弾は、泉州タオル特集として、２３６種類の泉州タオルをラインナップしました。これらの取り組みは全て、泉佐野市独自サイト「さのちょく」での運営でした。

8月5日（水）、総務省は令和元年度「ふるさと納税寄付総額と自治体別実績」を公表しました。泉佐野市への寄付額は、１８４億９６９１万円で、どこの自治体もなしえなかった「3年連続日本一」を達成しました。令和元年6月に制度から除外されましたので、実際には4月、5月の2ヵ月間のみの寄付額で日本一となりました。

同時に、大きく報道されたのが「ふるさと納税7年ぶりに減少」でした。全国の寄付総額が４８７５億円で、前年度から２５２億円（４・９％）減少しました。「返礼品規制によって右肩上がりの寄付総額は頭打ち」などの論評がありましたが、実はこれには違う要因もありました。

地方自治体の会計年度は、毎年4月1日に始まり、3月31日に終わりますが、所得税や住民税の課税期間は、暦年課税となり、毎年1月1日から12月31日までの所得合計額に対して課税されます。

ふるさと納税では、課税期間が終わる12月に寄付が集中し、新たな課税期間が始まる年明け1月から、会計年度末の3月までは、年間を通じて、ふるさと納税が、なかなか集まりにくい時期になります。

平成31年2月1日（金）、泉佐野市は「さのちょく」を立ち上げ、「１００億円還元キャンペーン」をスタートしました。この年度は、平成30年12月末までに、約２６９億円の寄付があり、キャンペーン（以下：ＣＰ）開始時点では、約２７４億円まで伸びていました。

これが、平成31年3月31日（日）までに、約４９５億円へとさらに伸びました。ＣＰ開始（2月1日）から平成30年度末（3月31日）までの寄付額は、約２２１億円にのぼりました。

この２２１億円は、本来なら集まりにくい時期の寄付であり、仮に泉佐野市のＣＰがなければ、会計年度が変わる4月以降の寄付になった可能性があります。つまり、令和元年度分の寄付が前倒しされ、平成30年度内に、泉佐野市へ寄付されたということです。

全てではないかもしれませんが、２２１億円が令和元年度分に入っていたら、寄付総額は５０９６億円に増え、平成30年度分の寄付総額は４９０６億円に減ります。つまり、「ふるさと納税は7年ぶりに減少」したわけでなく、右肩上がりを続けていたことになります。これは泉佐野市がＣＰを実施したことで、生じた現象であったと考えています。

・平成30年度寄付総額（５１２７億円）－平成31年2月～3月泉佐野市への寄付額（２２１億円）
＝４９０６億円
・令和元年度寄付総額（４８７５億円）＋平成31年2月～3月泉佐野市への寄付額（２２１億円）
＝５０９６億円

ＣＰでは、Ａｍａｚｏｎギフト券をインセンティブとして付けました。「１００億円還元キャンペーン（平成30年2月1日～4月26日）」「３００億円限定キャンペーン（4月26日～5月24日）」「最後で最大の大キャンペーン（5月24日～5月31日）」と3回のＣＰを打ちました。

開始当初、「さのちょく」にアクセスが殺到し、ヤフーの検索ランキングでは「さのちょく」が2位に入りました。泉佐野市のホームページから「さのちょく」へ飛ぼうとする人も多く、市のホームページで（アクセスが集中する災害時を想定した）「防災モード」が発動され、必要最低限の情報しか表示されなくなったこともありました。

初回のCP画像で初登場した、八島弘之副市長をモチーフにしたキャラが好評で、復活後も「さのちょく」に登場しています。

石田真敏総務大臣（当時）からの痛烈な批判や、特別交付税を減額されるまでの嫌がらせを受けても、CPに突き進んだ背景には「事業者救済」がありました。令和元年6月からの新制度で、「地場産品規制」により、それまでの約6割にあたる80社が、ふるさと納税に参画できない事態に陥ることになりました。

参画できない事業者を倒産させないためには、制度が変わるまでに、できるかぎりの受注（寄付）を確保し、新制度以降も、参画できない事業者の仕事が急激に落ち込まないように、ソフトランディングさせることが急務でした。

しかし、前述したように、1月から新制度が始まる6月までは、寄付が集まりにくい期間です。この期間に寄付を集めるには、寄付者を動かす強烈なインパクトが必要で、Amazonギフト券付きの「100億円還元キャンペーン」を実施したのでした。

発送時期を、返礼品の返礼率20～50%と、ギフト券10～40%の組み合わせによってずらし、最長では令和2年3月末までの受注が確保できました。「海外資本に税金が流れる」と槍玉に挙げられましたが、Amazonギフト券は、発行手数料0円、送料0円です。また、Amazonは、国内で一番のECサイトです。

地方自治法第2条第14項に、「地方公共団体は、その事務を処理するに当たっては、住民の福祉の増進に努めるとともに、最小の経費で最大の効果を上げるようにしなければならない」とあります。ＡｍａｚｏｎギフトＡ券付きのＣＰは、まさしく最小の経費で最大の効果を上げられる手法でした。

結果として、泉佐野市は、平成30年度で全国の寄付総額の約10分の１にあたる４９５億円、令和元年度は４月、５月の２ヵ月間で１８４億円の寄付をいただき、「３年連続日本一」を達成しました。これは、独自サイト「さのちょく」なしには、果たせなかったと考えています。

令和２年11月５日（木）、制度復帰後、初めての年末を迎えるにあたって、「さのちょく」を全面的にリニューアルしました。このリニューアルに伴い、新しいふるさと納税のカタチ「＃ふるさと納税３・０」をスタートしました。

これは、令和２年９月議会で制定された「泉佐野市新たな地場産品をつくる条例」に基づく、補助金制度です。ＣＦを活用して企業や事業者を応援し、新しい魅力的な地場産品を創り出す「未来への投資」です。

寄付者が、お気に入りのプロジェクト（以下：ＰＪ）を、ふるさと納税で応援することによって、ＣＦが目標額に達したら、泉佐野市がＰＪを提案した事業者に補助金を出し、泉佐野市内で、新しい返礼品をつくるための事業を開始します。その新しい返礼品を寄付者へお届けするという仕組みです。

ＰＪを提案する事業者は、市外・市内を問いません。市外の事業所なら、泉佐野市内で新たな事業所をオープンすることになりますし、市内の事業所なら、既存の事業所内での新しい設備投資に、補助金を充てることも可能です。

補助金は、CFで集まった寄付総額の10分の4です。補助対象経費の2分の1をクリアすれば、PJが成立します。例として、800万円の補助対象経費に対して、400万円が集まれば、事業開始となります。それには、CFで1000万円が目標金額になります。

返礼品による還元を目的として、ふるさと納税の市場が拡大しました。これを「ふるさと納税1.0」とします。返礼品による還元は、本来のふるさと納税の目的ではないという声が上がり、CFを活用して、地方自治体や特定の事業、または法人や企業への支援が広がりました、これを「ふるさと納税2.0」とします。

「#ふるさと納税3.0」は、返礼品（お気に入りのPJ）を寄付の目的としますが、CFで寄付を募り、企業や事業者のPJを応援することで、地方自治体の活性化につなげるハイブリッド型の新しいふるさと納税のカタチとしてスタートしました。

11月からの第一弾では、泉佐野市内・市外の事業者から応募があり、9件のPJが「さのちょく」で、CFを実施しました。「泉佐野熟成牛を全国へ！」「釣具製造をもう一度」「高級缶詰ブランドさの缶」「障がい者の所得倍増計画！」などのPJが提案されました。

この9件のうち、6件が、年末の12月31日までに目標金額を達成し、新たな事業が泉佐野市内で始まることが決まりました。PJは、これからも募集します。「さのちょく」からは、PJの達成率、寄付金額、支援件数などをリアルタイムで確認することができます。

そして、事業が開始した後も、メールなどでＰＪの進捗状況を寄付者と共有します。寄付者が、「応援した企業が泉佐野市で起業する」「寄付が泉佐野市の活性化につながる」など、泉佐野市をより身近に感じ、さらなる愛着を抱かれ、「大の泉佐野ファン」になっていただくことを期待しています。

令和３年３月２日（火）、「＃ふるさと納税３・０」の事業化第１号として、オリジナルブランド熟成牛の加工所がオープンしました。ＣＦにより、目標額の約４倍を集め、ＰＪを達成しました。地場産品規制が法制化され、地場産品の少ない地方自治体は苦戦を強いられていますので、「＃ふるさと納税３・０」のような取り組みが全国に広がればと思います。

民間サイトは、返礼品の掲載が中心ですが、「さのちょく」では、事業者に焦点をあてた「いてまえ！（やってしまえの大阪弁）泉佐野」事業者紹介ページも掲載しています。返礼品の紹介はもちろんのこと、製造過程、生産者の思いを掲載したページです。

また、「泉佐野市公益活動応援プロジェクト」の受付ページも設けました。この寄付は、泉佐野市公益活動応援基金に積み立てられ、寄付の際、指定した泉佐野市内の公益活動をおこなう各種団体へ寄付金額の全額が助成されます。インターネットからは「さのちょく」のみが受付可能です。

例えば、泉佐野市民が、地元のだんじり新調へ寄付をする場合、保存会へ直接寄付をすれば、税額控除の対象にはなりませんが、泉佐野市へふるさと納税をし、寄付時に地元の保存会を指定すれば、全額保存会へ助成される上に、税額控除の対象となります。

4月~12月までの寄付は翌年度、1月~3月までの寄付は翌々年度に、泉佐野市から指定団体へ交付しますので、そこが注意点です。

令和２年12月末までに、18件、51万５０００円の寄付が寄せられました。指定先の団体は、町会・自治会関係、こども食堂の団体、青少年育成団体、まちづくり団体、歴史伝統保存団体などの11団体です。幅広い団体に寄付が寄せられ、令和3年度の当初予算に計上しました。

「#ふるさと納税３・０」など、新たな取り組みを展開したことで、令和２年12月後半になると、日々１０００万円を越える寄付が「さのちょく」へ集まりました。12月31日（木）は、約５７００万円にのぼりました。これは大手民間サイト以上で、「さのちょく」のさらなる可能性を実感しました。

返礼品付きふるさと納税を再開した当初は、泉州タオルだけの返礼品でしたが、担当職員と地元事業所が協力し、新しい返礼品のアイディアが多く出され、徐々に品数を増やしました。12月に入り、当初の目標、１０００品を越えることができました。

令和２年12月末までのふるさと納税寄付額の合計は、17億２７４２万円にのぼりました。ふるさと納税制度からの除外で、1年間のブランクがありましたが、泉佐野市のふるさと納税を一から建て直し、再び、全国の自治体と渡り合える基礎をわずか数ヵ月で、再構築してくれたことに感謝しています。

泉佐野市東京事務所

平成30年4月、東京都千代田区大手前にある日本ビル3階「地方創生ラウンジ」の一画（後に日本ビル12階へ移転）を借りて、「泉佐野市東京事務所」がスタートしました。と言いましても、所長ひとり、机一つ分のスペースを借りただけの東京事務所です。他の自治体からも見れば、人口10万人の地方都市、泉佐野市が東京事務所を設置するなど、大それたことに映るかもしれません。

東京オリパラの「ホストタウン首長会議」をはじめ、「教育再生首長会議」「番号創国推進協議会」「無電柱化を推進する市町村長会議」「日本サッカーを応援する自治体連盟」などなど、泉佐野市が加盟する各種団体の会合が年間を通じて、東京で開催されますので、私の代理出席だけでも慌ただしい日々となります。

麹町にある全国都市会館や都市センターホテルで開かれる地方行政セミナーや講演会に参加して、情報収集をすることも大切な仕事の一つです。パソナグループのある日本ビル内に、東京事務所を構えましたので、パソナ関係のセミナーにも参加でき、最新の情報を集めることができています。

東京事務所の大きなミッションに、「東京いずみさの会」の設立がありました。泉佐野市出身、もしくは泉佐野市に何らかのご縁がある人で、首都圏在住、在勤の方々のネットワークと懇親を図る会の創設でした。つまり、東京における「関係人口」の掘り起こしです。

初代の東京事務所長（以下：初代所長、現在は3代目）は、日体大理事長で泉佐野市特別顧問、松浪健四郎先生をはじめ、泉佐野で創業され、令和２年に１００周年を迎えた「レギーナ内原」の内原一郎社長など、泉佐野市にご縁のある方々を訪問しては、東京いずみさの会への入会をお願いしました。

会長は、松浪健四郎先生へお願いしました。早速、「地方再生・創生論」のコラムに、「故郷の大阪府泉佐野市が東京に事務所を開設した。情報を収集することにとどまらず、知名度を上げる役割等、その価値は高い。が、財政に苦しむ地方自治体にあって、かかる発想をもち、実現させるのは難しい。自治体の発展のために、大胆な政策で前向きに考え、行動する故郷にエールを送りたい。私には協力すべき義務があると思っている」

と、取り上げてくださりました。

また、泉佐野市は日体大と「体育・スポーツ振興に関する協定」を締結しています。締結自治体の特産品ＰＲとして、11月に３日間開催される、日体大の学園祭で「連携地域物産展」に出店できます。

物産展では、特産品の「泉州タオル」を販売しますが、毎年売れ行きが芳《かんば》しくありません。実は、松浪健四郎理事長が、日頃から泉州タオルを配られており、「いつも理事長にいただいているので……」と、日体大職員の義理買いでさえ断られるそうです（笑）。

しかし、松浪健四郎先生の故郷へのご配慮には、ただただ頭が下がるばかりです。日体大の学園祭をはじめ、泉佐野市の特産品をPRできるイベントに、アテンドすることも東京事務所の大切な仕事の一つです。

首都圏では、今治タオルが、かなり幅をきかせています。しかし、JR東日本の駅構内にある「NewDays」というコンビニエンスストアでは、泉州タオルが販売されています。初代所長は、それを確認しました。私も福島県相馬市の駅構内で発見したことがありました。遠方で泉州タオルを見つけると、とても嬉しくなります。

大阪府立大学出身の初代所長は、府大の東京同窓会にも参加して、泉佐野市と関係のある府大OBに入会を依頼しました。このような積み重ねで、会員数は、100人を越えました。2回の懇親パーティーでは、大勢の方々にご参加いただきました。

会員には、東京で活躍中の泉佐野市出身の小説家、誉田《こんだ》龍一《りゅういち》さんがいました。誉田さんのお父さんは、泉佐野市の元職員で、泉佐野市中庄にある奈加美神社の宮司でした。共通の話題が多いので、初代所長とは意気投合し、とても懇意になりました。

誉田さんは、学習塾の講師をしながら小説を書き、平成18年『消えずの行灯』（双葉社、2009年）という作品で小説推理新人賞を受賞し、作家デビューを果たしました。誉田さんのジャンルは、江戸時代の娯楽時代劇を中心とした歴史エンターテイメント小説で、関西人らしいユーモアにあふれています。

誉田さんが『日本一《ひのもといち》の商人《あきんど》茜屋清兵衛奮闘記』（KADOKAWA、2018年）という小説を出版しました。堺の縮緬《ちりめん》問屋が、先代の放蕩経営によって傾き、跡を取った茜屋清兵衛が建て直していくという物語です。

初代所長は、誉田さんと「日本一の商人」を堺市東京事務所に紹介し、小説のＰＲに協力しました。その後、令和元年7月に『日本一の商人　茜屋清兵衛、危機一髪』（ＫＡＤＯＫＡＷＡ、２０１９年）という続編が出版されました。

しかし残念ながら、誉田龍一さんは、令和2年3月9日（月）に57歳の若さでご逝去《せいきょ》されました。突然の訃報《ふほう》に、私や初代所長、この間、誉田さんに関わった泉佐野市職員たちは、大きな悲しみに打ちひしがれました。

危機的な経営状況を、仕立屋を店内に構えるなどのアイディアで乗り越え、ようやく幻の縮緬を扱えるようになった茜屋清兵衛が、堺にとどまらず、大阪、京都、江戸に店《たな》を出して、日本一の商人に登り詰めていく、さらなる続編をとても楽しみにしていました。それが永遠に読めなくなり、本当に残念でなりません。

泉佐野市のレークアルスタープラザ・カワサキ中央図書館には、誉田龍一さんの特集コーナーを設けています。是非とも多くの方々に、誉田さんの作品を読んでいただきたいと思います。

夢のお告げ通りに地面を掘ったら出てきた、焼けた石像3体を祀った「焼芝大師」が泉佐野市東羽倉崎町にありました。大きな木と、湧き出る清水が特徴の一画でした。この土地を相続した方が会員で、東京いずみさの会を通じて、泉佐野市へ寄付の申し出がありました。

その方の希望は、「木を残し、住民の方が憩える場所として活用してほしい」でした。当初は公園整備を想定していましたが、東羽倉崎町の町会長から、町会館建設に際して「どこか良い場所がないか」と相談があり、焼芝大師の場所はどうかと返しました。

その後、トントン拍子に進み、令和2年度に建設が完了しました。寄付の申し出があったとき、町会館建設は、全く違うベクトルでしたが、ドンピシャなタイミングで合致しました。これこそ「焼芝大師」のお導きによるものかもしれません。

令和元年11月12日（火）、教育再生首長会議主催の「山東昭子参議院議長と教育に語る夕べ」が参議院議長公邸で開催され、初代所長は私の代理で出席しました。そのときは、「ふるさと納税」のことで、出席していた全国の首長から声をかけられたそうです。

ある首長からは「泉佐野市の職員と話をしたと自慢できる」とまで言われました。また、随行の職員たちから「あの人が泉佐野市の職員よ」と囁《ささや》かれているのが聞こえ、まるで芸能人の扱いを受けたと本人が述べていました。

ゲストとして招かれていたスーパードクターの松崎圭祐医師から、「私もずっと泉佐野にふるさと納税をしていました。今年はもうできないのですか?」と尋ねられました。初代所長は、あらためて、泉佐野市の知名度が、ふるさと納税で全国区になったことを実感しました。

最後に、全国市長会の前会長で、防府市の前市長である松浦正人顧問から、ふるさと納税のことを含めて、スピーチの機会を振られ、初代所長は「平成30年4月の東京事務所設置以来、教育再生会議には皆勤で、千代松市長に毎回内容をきちんと報告している」とスピーチしました。

泉佐野市は、経済産業省に3年間（平成29年度~令和元年度）、1名の職員を出向させていました。また、ごみ焼却炉建替えの関係で、環境省に1名の職員、東京オリパラ組織委員会に1名の職員を現在（令和3年度）も出向させています。初代所長は、出向職員たちのまとめ役として、月に一度の「泉佐野ミーティング」を開催していました。

全国で70以上の自治体が、東京事務所を構えています。東京事務所長の研修や交流の場として「都市東京事務所長会（以下：所長会）」があり、泉佐野市も加盟しました。所長会には、特産品相互取扱協定の締結自治体の東京事務所長もいます。

締結自治体である長崎県五島市の所長から、五島列島の食材を使ったフェアが、都市センターホテル内のレストランで開催されると聞くと、ランチを食しに伺い、また徳島県阿南市の「東京・阿南ふるさと光流会」に招かれると、会場全員での阿波踊りにも参加するなど、締結自治体とのつながりを深めるために頑張ってくれました。

阿南市の岩浅嘉仁市長（当時）は、元衆議院議員で、新進党、自由党と同じ政党に所属した松浪健四郎先生とは、とても懇意で、毎年、来賓として光流会に招待していました。来賓あいさつで、ふるさと納税に対する「泉佐野市の正当性」を熱弁された松浪健四郎先生を、初代所長は「心強い泉佐野市の応援団長」と、報告書に記しています。

阿南市の東京事務所は、平成24年に市政会館で開設されました。四国で東京事務所を構えていたのは、四国で人口が一番多い松山市と阿南市だけでした。県庁所在地の徳島市からは「徳島市でさえ東京事務所を置いていないのに」と言われたそうです。

その阿南市の東京事務所が、令和2年9月末をもって、閉鎖されました。令和元年に施行された阿南市長選挙で、「東京事務所の在り方」が争点の一つになったそうです。市長が変わり、「存続は厳しい」と言われていたのが、その通りになりました。

「東京事務所を置く」ことは、地方都市では、時に「分不相応」と映るのかもしれません。一方、令和元年度に、青森県つがる市、山形県山形市、神奈川県横須賀市、埼玉県行橋市が、新たに東京事務所を設置しました。

長引く景気低迷のもとでは、東京事務所が行財政改革の対象になる傾向でしたが、流れが少し変わりつつあるのかもしれません。また、以前なら「東京事務所を構えるなら永田町界隈」でしたが、4市は永田町に設置しませんでした。東京事務所の在り方も変わってきているのかもしれません。

泉佐野市の場合、従来の東京事務所の在り方など全く気にせず、初代所長が単独で、ひたすら飛び回りました。（自称）人見知りの初代所長が、2年間で1500枚以上の名刺を、あちらこちらで配り歩き、「関係人口」の掘り起こしに努めました。

本人いわく、「かけがえのない2年間」だったそうです。東京での経験を活かして、さらに職務に励んでくれると思いますし、初代所長が築いた首都圏でのネットワークを、これからどのように活用していくのかが、とても大切です。

地域ポイント「さのぽ」

平成29年10月1日（日）、泉佐野地域ポイント「さのぽ」が誕生しました。これは、「1ポイントが1円で利用できる」「1ポイントからの利用ができる」「入会金無料」「年会費無料」の地域ポイントです。

導入には、「市民の市政への参加を促進」「地域内の消費拡大に伴うまちの活性化」「市内店舗の消費拡大につながる支援」の目的がありました。

ポイントを貯める方法として、「行政が特定する事業に参加する」「行政が特定する事業で申請する」「加盟店舗で買い物をする」「特定の場所で付与される」などがあります。ポイントを貯めるICカード「さのぽカード」は、デザインを投票したり、愛称を募集したり、市民参加で作り上げました。

「さのぽ」の導入に至るまでは、先進自治体を視察して研究を重ねました。平成28年5月16日（月）、新潟県阿賀野市を視察しました。阿賀野市は、地方創生交付金を活用して「地域ポイントカード活用による地域活性化事業」を、平成28年3月に開始しました。

行政内部で複数の行政ポイントが混在していたため、商工会等のお買い物ポイントと行政ポイントを一緒にできないかと検討が始まりました。行政ポイントは25事業あり、特に重点施策には多くのポイントを付与するなどの工夫がありました。

阿賀野市が事業を開始した2ヵ月後に訪問しましたので、利用できる店舗数が、まだまだ少なく課題はありましたが、行政ポイント対象事業の拡大、地域ポイントカードの普及に向けたイベントなどが検討されていて、事業の成功に向けて、官民が連携して取り組んでいる姿勢が強く窺えました。

平成28年5月23日（月）、奈良県奈良市を視察しました。奈良市では、70歳以上の高齢者が、健康的な日常生活を送れるように健康寿命関連事業への参加促進と、すべての市民がボランティア活動へのきっかけとなるように、市内店舗等で利用できる地域ポイント導入が検討されました。

平成27年1月、ボランティア活動講習会に参加した人へのポイント付与を開始し、健康寿命を延ばす健康増進ポイント事業、健康づくりやスポーツの機会を増やす健康スポーツポイント事業を、奈良市ポイント制度の新たな対象としました。

当初は、インターネット回線などの環境整備が必要で、加盟店舗が30店舗ほどでしたが、平成27年のプレミアム商品券事業を対象としたことで、加盟店舗が一気に増加し、私たちの視察時には、約１６０店舗に増えていました。

健康増進ポイント対象のセミナーで、参加者が急増するなどの効果が顕著でした。ポイント交換は、奈良交通バスのチャージ券が大半で、参加店舗で利用される機会が少なく、参加店舗の拡大が課題とのことでした。奈良市の視察では、地元店舗の参加や、行政ポイント対象事業へ、どのように市民を誘導するかが、成功のポイントと認識しました。

平成29年7月10日（月）、福岡県柳川市を視察しました。柳川市は、ディスカウントストアや大型店舗の進出により、商店街や個人商店の衰退が懸念され、地域ポイントの導入に取り掛かりました。

平成25年度から準備を始め、平成26年度に国の補助金採択を受けました。柳川市内に本店機能を有する店舗にのみ参加を呼びかけました。平成27年4月、２５０店舗の参加で地域ポイントが始まりました。

ポイント交換率の高い事業がありましたが、ボランティアスタッフ募集などでは、参加率が伸び悩む状況もありました。カード所有者の年齢層を念頭に置いた事業の選択が必要であると分析されていました。

カードの所有率は、市民の約43％で、その75％以上が女性でした。また、店舗が発行する地域ポイントは、20万ポイント以上であり、開始3年目（平成29年度）を迎える「柳川おもてなしカード会」の運営は順調でありました。

視察を重ねた上で、地域ポイント導入の課題がいくつか見えてきました。

・ポイントが貯められる場所が限定されると利用者が増えない

・ポイントの交換先が限定されるとポイントを貯めるモチベーションが保てない

・利用者が少ないと、貯められる店舗やポイントの交換先を増やせないなどでした。逆を言えば、「ポイントが貯められる場所」「ポイントの魅力的な交換先」「ポイントの流通量」を増やせば成功への道が開けてきます。

先進地の視察で学んだことを踏まえ、平成28年度にシステムを構築し、消費動向データをまとめ、運営サポートの業務委託をおこないました。平成29年度では、加盟店の募集、ＩＣカードの作成などをおこない、10月からの「さのぽ」導入に至りました。

ポイントを扱うためのシステム操作が苦手な店舗は、「さのぽ」が不人気という課題や、ポイント付与の有無（例えば、飲食店でディナーではポイントを付与するが、ランチでは付与しないなど）を勝手に決めている店舗があり、カード利用者とのトラブルにつながったという問題が生じました。

「さのぽポイント」の有効期限は、最長で3年間です。毎年4月1日から翌年3月31日の期間に積み立てられたポイントは、翌々年度の3月31日まで有効です。例えば、令和3年10月3日に発行されたポイントは、令和6年3月31日まで有効となります。

加盟店舗で買い物をし、お金を支払い、さのぽカードを渡せば、システムの端末機から、カードにポイントが貯められます。お買い上げのレシート以外に、さのぽ分のレシートが渡され、現在のポイント残高と直近の3月31日で期限が切れるポイント分が表示されます。

ポイントの流通量を増やすには、行政ポイントの発行が不可欠です。平成28年度は、ふるさと納税の受入額で、全国８位になりました。ふるさと納税の寄付収入を地域経済につなげたいと考えました。

泉佐野市は、行政ポイントの発行を増やし、「さのぽ」の普及に取り組みました。代表的なものでは、泉佐野市内の住宅を購入し、町会加入すると「25万ポイント（当初は30万ポイント）」、高齢者の方々が運転免許を自主返納すると「10万ポイント」などの事業を新たに実施しました。

第一興商のカラオケ機器を活用した音楽介護予防教室「泉佐野元気塾」は、市内56か所で開催しています。約90分間、月１回程度の教室に、参加した高齢者に、１回50ポイントを付与しています。

「プレミアム付き商品券」事業で、紙の商品券を発行する代わりに、さのぽカードへチャージする方法で実施もしました。プレミアム率は、20～30％でした。「泉佐野まち処」で、商品券の販売とチャージを実施したところ、これまでにないような行列ができ、苦情の電話が入りました。

「職員基本条例」に基づき、半年ごとの職員表彰で、部長級、課長級、課長代理級、係長級、主任・係員から１名ずつ、合計５名の優秀職員へは、10万円の金一封でしたが、さのぽ導入後は、「10万ポイント」に変更しました。

「りんくうまち処」「泉佐野まち処」「泉佐野ふるさと町屋館」の観光発信施設や「いこらも～る泉佐野（民間商業施設）」では、１日１回、来店するだけで１ポイントが発行される「来店ポイント」を実施しています。

このような取り組みの結果、さのぽカード所有者は、年々増え続け、令和２年11月30日時点で、

2万7907人となりました。男女比では、女性が75％と、柳川市同様、女性が圧倒的に多いです。居住地域では、市内在住者が66％で、最近は市外の割合が増加傾向にあります。年代別のカード所有者では、40代が21％で最も高いです。

令和元年度における「さのぽ」の消費額合計は、約13億3000万円となり、一人当たりの消費額は、平均6万円でした。年代別の消費額では、70代が23％で最も高く、60代が21％で続きます。

その他、泉佐野市では、クレジット会社のポイントや航空会社のマイレージを「さのぽ」に交換できるサービスに登録しています。このサービスは、平成29年度から実施していますが、利用実績は14件（令和3年1月）とわずかです。この手続きには、マイナンバーカードが必要であり、総務省はマイナバーカードの普及のため、このサービスを開始しました。

例えば、航空会社のマイレージを「さのぽ」へ交換するなら、「自治体ポイントナビ」というページから、ANAやJALのページに入ります。そこでマイレージを、まず「地域経済応援ポイント」というポイントに交換します。

登録したアドレスにメールが送られてきて、そこのURLからマイキープラットフォームに入ります。そのときに、ICカードリーダライタにマイナンバーカードをセットし、ログインします。そして、マイキープラットフォーム上で、域経済応援ポイントをようやく「さのぽポイント」へ移行させることができます。

最後に、泉佐野まち処、もしくは市役所内の「泉佐野モバイル」へ、さのぽカードとマイナンバーカードを持って行き、交換したポイント分をさのぽカードへチャージしてもらいます。このように手続きがとても複雑であり、利用実績が上がらないのも仕方ありません。

泉佐野市は、このサービスの実施に際し、総務省の「自治体ポイント管理クラウド等仕様検討会議」に、マイナンバーカード活用担当理事を派遣し、総務省に協力しました。

マイナンバーカードに関しては、泉佐野市では一早く、コンビニ交付を取り入れ、普及に努めてきました。マイナンバーカードさえ持っていれば、全国のコンビニで、「住民票の写し」「印鑑登録証明書」「戸籍全部事項証明書」「戸籍個人事項証明書」「戸籍の附票の写し」「個人の市・府民税課税証明書」が発行できます。

当初は、セブンイレブン、ファミリーマート、ローソンの各店舗内に設置されている多機能端末（マルチコピー機）を利用しての交付でしたが、イオンリテール、ミニストップ、コミュニティ・ストア、ポプラなどが加わりました。令和２年10月からは、図書カードとの連携もスタートしました。

泉佐野市は、ふるさと納税制度からの除外、ふるさと納税に絡んだ特別交付税の減額で、総務省と司法の場で争ってきましたので、総務省に対して、何かにつけて「抗っている」イメージを持たれてしまいますが、決してそうではなく、マイナンバーカードの普及では、自治体ポイントの先進自治体として、全面的に協力しました。

平成31年３月５日（火）、泉佐野市消防団は、第71回日本消防協会定例表彰式で、「特別表彰まとい」を受賞しました。毎年、全国に約２３００ある消防団の中から、10の消防団に贈られる日本消防協会表彰規定で最高位の表彰です。仮に、日本の全ての消防団が受賞するとしても、２００年に一度、あるかないかという栄誉です。

泉佐野市消防団は、昭和23年に公設消防の設置に伴い解散（当時：西、東、旭、北中、西出分団の5分団）しましたが、昭和29年に泉南郡南中通村、日根野村、長滝村、上之郷村、大土村の5村が、泉佐野市と合併した際に消防団を残すことが決定し、各村の消防団を分団と位置付け、泉佐野市消防団が再結成されました。

社会情勢や災害模様の変化に対応するため、5分団の他、平成27年4月に女性で構成される女性分団、平成30年4月に市役所職員で構成される市役所分団が加わり、7分団１７０人の体制で、火災をはじめとする各種災害対応にあたっています。

昭和30年に２００万人近くいた消防団員は、令和2年で約82万人となり、過去最少となりました。全国的に、消防団員の成り手不足が問題ですが、泉佐野市消防団は、女性分団や市役所分団の創設で増員となりました。また、常日頃からの消防訓練や火災時の出動、大阪府消防大会優勝4回などの実績が評価され、「特別表彰まとい」を受賞しました。

このことは、泉佐野市にとって大きな誇りであり、泉佐野市消防団の活動に対しては、できるかぎりの支援を続けています。日本の消防活動を統括するのは、消防庁であり、消防庁は、総務省の外局です。ここでも泉佐野市は、率先して、総務省に協力してきたといっても過言ではありません。

話を戻し、導入から4年目を迎えた、泉佐野地域ポイント「さのぽ」は、市民の間に、かなり定着してきました。しかし、独自のポイントを発行している店舗は、「さのぽ」を導入すれば、ポイントの付与が二度手間になるため、導入には消極的で、新規の加盟店数が伸び悩んでいる状況にあります。

今後は、行政ポイントの発行をできるだけ維持しながら、マイナンバーカードとの連携をさらに進める、クレジット会社との提携を図る、ＱＲコード決済への展開を試みるなどで、カード所有者、加盟店数が増えるように努めてまいりたいと考えています。

同志社香里応援団

ＹｏｕＴｕｂｅの「10周年記念パーティー」に、木原太郎さん、田中相司さんをはじめとする演舞で、私に対してのエールがあります。いつ見ても心が熱くなりますし、泉佐野市で、「同志社香里応援団」を再結成してくれたことを、とても光栄に思います。

志望校が、まだ決まっていないときの模試で、何となく、関西の有名私大の附属・系列校を志望欄に書きました。結果、「同志社」の判定が芳しくなく、そこから同志社を意識するようになりました。そして大阪府内にも、寝屋川市に「同志社香里高校（以下：高校）」があると知りました。

いざ、受験しようと決心したとき、母親に相談しましたが、「受けたら」とあっさりでした。父親を早くに亡くし、私立高校の無償化もなかった当時でしたが、いとも簡単にＯＫが出ました。その時の母親と同じような年代になり、たいしたもんだと思えるようになりました。

当時、高校には、同志社香里中学校から２３０人（以下：内部生）、それ以外からは90人（以下：外部生）しか入学できない、なかなかの狭き門でした。何とかそれを突破し、入学することができました。

地元の佐野中学校では柔道部でした。中学校では珍しく、春休みに１週間の合宿が交野市でありました。中学生の私にとっては、逃げ出したくても、どうやって泉佐野に帰れるのか、わからないぐらい遠くへ連れて行かれた感でした。その交野までは至りませんが、京阪沿線の香里園への通学は、毎日が小旅行の気分でした。

入学後は、憧れのラグビー部に入部しました。しかし、ラグビーは想像していた以上に、ハードなスポーツで、練習に全くついていけない日々でした。一番の苦手は、グラウンドを10周する３km走でした。毎回トップ争いの瀬戸や中本からは、周回遅れどころか、３周も離されるようなあり様でした。

次に苦手は、「コーナー」と呼ばれた１００ｍのランパスでした。通常の練習で10往復、情けない試合で負けたときは、「残業」というコーナーが延々と続きました。

「北岡からボールをもらって、たかちゃんか、圭太へすぐまわす」

のが、私のパターンで、早朝ランニングをしていると、たまに思い出します。

夏は、長野県車山高原で、同志社高校との合同合宿がありました。起床後の午前練習は、ランニングメニューが中心でした。朝食と昼食を兼ねた「ブランチ」を食べて、午後練習は、コンタクトメニューが中心でした。普段以上に厳しい内容に加えて、ＯＢからのプレッシャーもあり、同じことを「もう一度やれ」と言われても、絶対に断ります。

当時、大阪府内では、１年間を通じて、３つの大会がありました。近畿大会大阪府予選、大阪府春季大会、秋の全国大会予選で、メインはもちろん秋の花園予選です。近畿大会予選は決勝で３対7、柏原に敗れ準優勝。春季大会は決勝で19対４、牧野に勝って優勝し、秋のＡシードを獲得しました。そして、全国予選は３回戦からの出場で、順当に勝ち上がり、決勝は13対４、天王寺に勝利して、見事花園キップを獲得しました。

私はレギュラーに程遠く、グラウンドを踏めませんでしたが、チームメイトは、花園ラグビー場での第71回全国大会に、Ｂシードで出場しました。初戦を20対16の奇跡的な逆転勝利で、福岡県代表の筑紫を破り、ベスト16に進出しました。最後は４対24で秋田工に負けましたが、全国屈指のメンバーと、私なりにラグビーができたのは、人生の宝の一つであります。

「市長は休みがあるの?」という質問がよくあります。コロナ禍前は、一年を通じて、土曜日、日曜日、祝日でも様々な公務があり、また公務以外に政治的な「政務」での所用や地域での活動がありります。「一日完全オフ」を取ることがなかなか難しい日々でした。

これは市長に就任してからではなく、市議会議員のときもそうでした。しかし、年に一日だけ、完全な休みにしようと決めている日がありました。それは1月2日でした。公務や政務、地域での活動がないという理由だけではありません。

1月2日は、全国大学ラグビー選手権の準決勝がおこなわれ、テレビ観戦で、同志社大学を応援する楽しみがありした。しかし、準決勝進出が稀になり、寂しく思っていたところ、1月2日に千翔会の初詣が入るようになり、完全な休みではなくなりましたが、大学選手権準決勝は、録画してその日のうちに観ています。

ラグビー部の監督であった、西坂啓二先生が退職されてから、大阪府の南端、岬町に居を構えられました。コロナ禍で途絶えていますが、西坂先生の家に集まる同期とのバーベキューは、楽しい一時を過ごせる、たまの息抜きです。

西坂先生は、岬町議会の奥野学議員と、とても懇意にしています。二人で飲んでいるときに、私への電話がよく入ります（笑）。奥野議員のご子息が、和歌山大学アメリカンフットボール部で、同志社大学との試合を、奥野議員ご夫妻、西坂先生、私の4人で観戦したことがありました。OBにも関わらず、そのときばかりは、和歌山大学側で観戦しました。

高校は、平成12年から共学となり、女子が中心のダンス部は、6回の全国優勝を果たしています。その他にも、マンドリン部や軽音楽部は全国大会常連のクラブです。平成30年の大阪北部地震で、それまでの会場が使えなくなり、急遽、エブノ泉の森大ホールで「全国高等学校ギター・マンドリン音楽コンクール」が開催されることになりました。

そのコンクールで、優勝に値する文部科学大臣賞に輝いたのが、「同志社香里中学高校マンドリン部」でした。母校の日本一を開催地の市長として、目の当たりにでき、大いに感動しました。

このように、女子を中心とするクラブが、全国的に活躍していますが、私が高校のときは男子校で、ラグビー部、レスリング部、スキー部などが、全国レベルの強豪でした。マンドリン部も男子だけでしたが、前述のコンクールに出場していました。

しかし、そのようなクラブを差し置いて、当時の高校を仕切っていたのが「同志社香里応援団（以下：エンダン）」でした。「応援団＝学ラン、バンカラ」というイメージですが、制服がなく、私服の高校で、最もチャラチャラしたクラブがエンダンで、ほとんどの外部生は、大きな違和感を抱いたに違いありません。

そのエンダンで、同級生の中心が、3年生で団長になった、田中猛司、田中三兄弟の末弟です。私が1年生のとき、3年生に長兄の太司さん、2年生に次兄の相司さん、同級生に猛司と、三兄弟が揃い踏みで、まさに絶頂期でした。一方、外部生にもエンダンに負けないぐらいのヤンチャがいました。それが、太田秀司でした。猛司と太田、この二人とは「仲良くなれない」と入学時に直感しました。

入学後、数ヵ月して、猛司と帰りの地下鉄で一緒になりました。交わす会話もあまりなかったのですが、覚えているのは、

「家どこなん？」

と聞いてきたことです。

「岸和田の近く、泉佐野」

「近くやん。おれの家、南海やったら粉浜やねん」

「?…?…?」

今でこそ、関空に一番近いまち、と言えば、どこにあるかイメージしてもらえるようになりましたが、当時、関空はまだ存在しません。「泉佐野」と言っても大阪市内や北河内、京都府内から通う同級生にはわかってもらえませんでした。

幼少期から「岸和田のだんじりは有名」と育ちましたので、「岸和田の近く」を枕詞のように付けていました。しかし、猛司は、「岸和田」と南海本線粉浜駅の隣駅「岸里」を間違えていました。

「岸和田でもあかんか……」と、泉州の知名度の低さを痛感した、苦い思い出です。ちなみに、岸里駅は玉出駅と統合され、現在は「岸里玉出駅」になりました。

猛司とは、2年生の時、選択科目の書道で1年間、席が隣り合わせでしたが、大した会話は、入学してから1年が経過してもありませんでした。しかし、妙なことに、学年が一つ上のエンダンの先輩たちからは、めっぽう可愛がられるようになりました。私の高校生活にとって、少し迷惑なことでありましたが、このことで、「香里らしさ」に馴染めるようになりました。

そこから猛司や、同級生のエンダンとも仲良く過ごす機会が増えました。ちなみに、私の後援会「志友会」は、エンダンが中心になって構成されています。会長は相司さん、副会長は仲宗根主博です。仲宗根は、ナカソネからあだ名が「ソウリ（総理）」です。田中も鈴木も吉田も、同志社香里（以下：香里）にはいましたが、中曽根首相のイメージが私たち世代には強いのでしょうか。仲宗根だけ、ソウリと呼ばれています。

選挙のたびに、相司さん、ソウリが先頭になって、応援に駆けつけてくれます。ソウリは同級生では、泉佐野市の滞在時間が群を抜いて長いです。「2回目の市長選挙」では、木原さんとエンダンの小山修一が、駅頭立ちを手伝ってくれました。何の前触れもなく突然来てくれたので驚きましたが、とても励みになりました。

エンダンの団旗を務めた、長谷川雅俊は、再会したときに京都府城陽市の財政課長になっていました。平成26年8月14日（木）、城陽市を訪問し、「活き生き改革プラン（第6次行財政改革大綱）」と「空き家バンク制度」を視察しました。奥田敏晴市長をはじめ、長谷川課長（当時）や城陽市職員の方々に大変お世話になりました。その後、城陽市は「セール・アンド・リースバック方式」を実施して、訴えられましたが、裁判は勝ったと連絡がありました。

泉佐野市上瓦屋には、航空の安全と繁栄を祈願する「泉州航空神社」があります。令和2年9月20日（日）、「空の日」の例大祭でお会いした、国土交通省大阪航空局の局長が香里でした。中学、高校と香里で、大学受験で東京大学に合格し、その後に運輸省に入省されました。

高校からは大多数が、同志社大学へ進学しますが、稀に超難関大学を受験し、合格する人がいます。しかも泉佐野市出身の大先輩でした。その話で盛り上がっていましたら、同じく参列されていた関西エアポート株式会社の人も香里でした。各方面で活躍する先輩や後輩と「香里」ということで、気さくに話をできる機会が多くありました。

大学では、アメリカンフットボール部に所属しましたが、香里ラグビー部からは、柿木篤、菊岡道行、神宮寺正仁、鈴木貴之、宝田大とともに入部し、7年間、同じ釜の飯を食べることになりました。ラグビー部以外では、スキー部の小亀聡、バンドマンの細谷真吾がいました。当時のアメフト部の監督も香里でした。

大学卒業後のアメリカ留学では、先に留学していた、太田秀司を頼りました。海外の生活どころか、それまで海外旅行の経験もなく、戸惑いばかりのサンフランシスコの生活では、太田にかなり助けてもらいました。

2年3ヵ月の留学を終えて、アメリカから引き揚げる直前に、猛司、エンダンの秦英浩、ソウリが遊びにきました。「仲良くなれない」と入学時に直感した、太田や猛司が、私の人生に深く関わっていることを、とても不思議に感じながら、ありがたく思っています。

市議会議員に初当選し、初めての議会で、新田谷市長が、助役の選任同意で上程した泉佐野市職員が香里でした。助役退任後も泉佐野市のまちづくりに長く尽くしてくれましたが、体調を崩され、令和2年、帰らぬ人となりました。心からご冥福をお祈り申し上げます。

市議会議員のときには、「同志社香里議員連盟」を結成しました。会長は、大阪市会の高野伸生議員（昭和42年卒）で、当時のメンバーは、大阪市会の木下吉信議員（昭和55年卒）、山崎誠二議

員（昭和57年卒）、大阪府議会の花谷充愉議員（昭和56年卒）、京都府議会の上村崇議員（平成3年卒）、岸和田市議会の清水隆司議員（昭和54年卒）、枚方市議会の梅崎利貴議員（平成3年卒）、吹田市議会の竹内忍一議員（平成6年卒）と私（平成4年卒）でした。

また、結成時には、議員ではありませんでしたが、大阪市会の田辺信広議員（昭和59年卒）をはじめ、福田武洋議員（平成8年卒）、大阪府議会の漆間譲司議員（平成5年卒）、京都市会の森田守議員（平成6年卒）など、新たに議員となった同窓がいます。あわせて、首長も増えました。

同志社大学出身の首長で、「全国市長村長クローバー会」が平成29年に発足しました。この会長を務める京都府八幡市の堀口文昭市長は、香里（昭和45年卒）です。前述の上村京都府議は、京田辺市長に転身しました。そして令和2年、同級生の福岡憲宏が奈良県香芝市長に就任しました。

平成20年10月20日（月）、大阪市内の道頓堀ホテルで、同志社香里同窓会「紫翠会」と議員連盟主催によるパーティーを開催しました。もちろん、動員の割当があり、泉佐野ＪＣの木村和也先輩にお付き合い願いました。

このパーティーに参加していた、レスリング部の先輩から、

「川村先輩が、地元に帰るから頼んどくわ」

と言われました。学年が3つ上の川村先輩は、香里レスリング部出身で、大学も体育会レスリング部でした。京田辺では同じマンションで、堀場製作所のときに通っていた極真空手の道場も一緒でした。しかし学生時代、私の同期からは煙たく思われていましたので、私もあえて近寄らない存

在でした。

よって、川村先輩の出身が岬町で、実家の税理士事務所が阪南市にあるということを全く知りませんでした。国税庁を辞めて、実家の事務所に入るので「よろしく」とのことでした。「もう二度と会うことはない」と思っていたのですが、切っても切れないご縁があるみたいです。

佐野中学校柔道部では、佐野高校柔道部へ、よく出稽古に通いました。特徴的だったのは、当時の佐野高校柔道部は、レスリング部も兼ねていて、柔道だけでなく、レスリングの練習をする日もありました。そのときに、少しまねごとをした程度で、私はレスリングを本格的に学んだことはありません。

泉佐野市の特別顧問、松浪健四郎先生は、レスリングの全米チャンピオンで、日本レスリング協会の副会長を務められました。実兄の松浪啓一先生は、大阪府レスリング協会の会長を務められ、現在は、泉佐野市レスリング協会の会長です。レスリングに関しては、全くの素人ですが、強力にサポートしてくれる方々が揃っていますので、現在はレスリングの普及にも努めています。

佐野中学校の武道場では、週2回程度で「レスリング教室」が開かれています。3歳児から小学生までの児童が、レスリングを頑張っています。指導しているのは、佐野高レスリング部ＯＢの方々です。大会で入賞する児童も出始めました。

松浪啓一先生は、大阪府レスリング協会の関係で、香里レスリング部の先生方と懇意にされています。『型破りの自治体経営』を出版したとき、香里の先生方へ送るように言われました。送付した、西島嘉明先生からお手紙をいただきました。この節の最後に紹介させてください。

『拝啓　今年の夏は例年にない暑さ、加えてコロナウイルスの感染禍に振り回され、更に強烈な台風の襲来、大変な事態が続く中、貴君はかなりのご苦労をされたことと御察し申し上げます。又いつもながらマスコミの報道により、大変活躍ぶりを見聞きいたしております。

先達て、関大ＯＢの松浪啓一氏より、「千代松市長が本を出版したので、秘書に送付するように依頼しておきましたので、ぜひ読んでやってください」との電話がありました。

松浪さんとは、レスリングを通じて公私に渡り、懇意にしていただき、ゴルフＯＢ戦で一緒にラウンドし、その折には必ず貴君の活躍ぶりを聞き、他方、昭和36年卒、熊取町在住の佐々木茂之君も、同窓会出席の折には、いろいろ情報を入れてくれました。

平成3年度卒業生（選択受講生をのぞく）３００余名とは、殆ど関わりがないのに、ただ一人、いまだに強烈な印象で残っている生徒が、千代松大耕君です。全く不思議な繋がりです。

小生86才なかば、今年はゴルフ・同窓会・飲み会、全てコロナのため自粛、医者通い（内科・皮膚科・ときどき眼科・歯科・耳鼻科）とテレビ番が仕事で十二分時間がありますので、ゆっくり読ましていただきます。

この度は、小生如きまで、貴重な力作を進呈くださり誠にありがとうございました。

コロナ終息の見通しも立たない現状にあって、くれぐれも御自愛の上、ラグビー・アメフトで鍛えた身体で、泉佐野市のため、ますます御活躍されることを祈念いたしております。

敬具

令和2年9月9日

西島　嘉明』

空港関連事業の遺産

関空開港前に描かれた泉佐野市の未来図は、まさにバラ色でした。りんくうタウンには、ニューヨークの摩天楼のようなビル群が立ち並び、その税収によって、後年度の借金返済に充てていくとしたため、泉佐野市は借金を重ね、様々な空港関連事業を進めました。

この節では、空港関連事業で頓挫したもの、また位置付けられたが事業化に至らなかったもの、検討はされたが見送られたものなどを、私が市長に就任してから、どのように進めたかを記します。

空港関連事業で頓挫した代表的ものとして、「泉佐野コスモポリス計画」があります。昭和後期から平成初期にかけ、大阪府商工労働部の産業政策（先端産業の誘致）として、第3セクター方式で計画が推進されました。モデルとしたのは、アメリカのシリコンバレーでした。

しかし、バブル経済の崩壊により、1社の誘致もできないまま、平成9年3月に、当初の事業計画が断念され、土地利用の方針転換が決定しました。翌年には、約６５０億円の負債を抱えて第３セクター「泉佐野コスモポリス社」が経営破綻しました。

大阪府の公園的土地利用への転換により、平成19年から公園整備が開始され、中地区の14・９ヘクタールが「泉佐野丘陵緑地」として開設されました。残りの東地区23・５ヘクタール、西地区31・１ヘクタールは、公園整備の予定ですが、手つかずのままです。

「関空の好調による泉佐野市域への進出事業者の増加」「津波・風水害対策で山間部への立地・移転希望者の増加」「物流系事業者による大規模施設用地需要の高まり」などから、手つかずの「旧泉佐野コスモポリス用地」の土地利用転換を、大阪府へ提案しました。

東地区では、令和２年度に事業化の検討をおこない、令和３年度に事業予定者を決定します。そして、令和４年度から土地区画整理事業を開始する予定です。西地区では、令和３年度に事業化を検討します。中地区の都市公園は存続させ、全体として緑と共存する産業用地を創出する計画です。

コロナ禍により、世界的に企業の投資意欲は減退しています。また、関空では旅客便が壊滅的な打撃を受けています。一方、貨物便はコロナ禍前より増えています。ヒトは動かなくてもモノは動きます。進出意欲があるのは物流系企業なので、多少の遅れは生じるかもしれませんが、この事業を粘り強く進めてまいります。

空港関連事業として位置付けられましたが、事業化に至らなかったのが「泉佐野土丸線の延伸」でした。泉佐野土丸線は、昭和24年に当初の都市計画決定がおこなわれましたが、府道堺阪南線から旧の防潮堤道路までの間は、未整備のまま長年放置されていました。

平成11年3月16日（火）、関空2期島埋め立てに伴う関連地域整備事業として位置付けられ、当時の大阪府企画調整部長、土木部長と、泉佐野市の向江昇市長の間で確認書が交わされました。しかし、これでも事業化に至らない状況が続きました。

平成17年8月19日（金）、大阪府と泉佐野市が泉佐野土丸線の整備に関して検討をおこなうと、大阪府の太田房江知事（当時）と、泉佐野市の新田谷修司市長の間で覚書が交わされました。しかし、これでも状況は変わりませんでした。

周辺地域の住民から、

「こどもの頃から計画はあるけど、この道路は動かないまま、もう50年以上が経つ」

という声を、私が市議会議員のときからよく聞きました。

私が市長に就任してから、政治的な判断として、泉佐野市が事業主体となって整備をおこない、大阪府は応分の費用負担をすることで最終的に協議が整いました。平成26年4月22日（火）、大阪府の松井一郎知事（当時）と、泉佐野市長の私とで事業推進に関する覚書を締結しました。

平成27年度に道路法線の見直しをおこない、重要文化財である「上善寺」を避ける路線としました。あわせて幅員も22ｍから17ｍに都市計画を変更しました。令和元年度から、土地買収に着手し、令和8年度末の工事完成、令和9年共用開始に向けて、着々と事業を進めています。

平成12年3月議会、前月の市議会議員補欠選挙で初当選した、私と同期である中村哲夫議員は、泉佐野土丸線についての個人質問をしました。初質問から、20年以上が経過して、最年長となった中村議員は、現在も定期的に、泉佐野土丸線の進捗状況を議会で質問しています。そのたびに「私の生きている間に完成させてほしい」と要望があります。

空港関連事業として、検討されたが見送られたものとして「熊取駅西地区整備事業」があります。検討の結果、ＪＲ日根野駅前の「日根野土地区画整理事業」を優先したため、事業化が見送られました。平成２年度から白水池跡地で事業が実施されました。

ＪＲ熊取駅は駅名のとおり、熊取町に所在します。その西地区の整備を進めるには、熊取町との調整がかなり難航することが懸念され、関空開港に伴い、特急が停車することになるＪＲ日根野駅の整備を優先することになったと聞いています。

熊取駅西地区整備事業の「顔」となる駅前広場は熊取町域での整備ですが、事業エリア全体における熊取町域の面積は大きくありません。一方、泉佐野市域は、熊取駅に近い市街化調整区域を市街化区域へ編入するなど、良好なまちづくりがのぞめます。どちらの自治体がどれくらいの事業量を進めていくのかは、とても難しい調整が予想されました。

この事業を行政からの支出をできるだけ抑え、民間企業との官民連携によって実施することにしました。平成28年3月30日（水）、都市計画道路等の都市基盤整備を泉佐野市がおこない、上瓦屋（泉佐野市内）地区の土地区画整理事業を民間事業協力者が進めるという都市計画を決定しました。

熊取町域の駅前広場は、熊取町の事業として、現在（令和３年度）も整備が続いています。都市計画道路の熊取駅西線は、駅前広場へ接続しますので、交差点からの接続区間は駅前広場完成後の共用開始になりますが、泉佐野市の整備事業は、令和2年度で完了し、令和3年度から熊取駅西1号線が共用開始となりました。

道路整備の他に、廃止された旧住吉川の河川敷にソメイヨシノを植栽し、快適性の高いまちづくりを進めました。あわせて、熊取駅西線と熊取駅西1号線の交差点は、信号機のない環状交差点（ラウンドアバウト）としました。

関空開港に伴い、周辺道路の交通渋滞を防ぎ、都市機能を円滑にするため、「南海本線（泉佐野市）立体交差事業」がおこなわれました。これは空港線による本数の増加で、踏切待ちによる交通渋滞がさらに予測されましたので、泉佐野市湊1丁目から泉佐野市東羽倉崎町までの約2・8㎞において高架化し、9か所の踏切を解消する事業でした。

平成3年に工事が始まり、平成14年になんば方面行、平成17年に和歌山方面行が完成し、高架事業が完了しました。この工事で、南海泉佐野駅舎もリニューアルされましたが、当初、空港線用のシャトル便を泉佐野駅から発車予定でしたので、ホーム4面、5線路での整備計画がありました。

しかし、バブル崩壊や関空開港後の旅客数の伸び悩みで、事業規模が縮小され、ホーム3面、4線路で整備されました。駅東口にあったパン屋、書店、旅行会社などの店舗は移転、もしくは退去となり、そのエリアに駅前広場を整備する計画でしたが、駅舎の規模縮小で、駅前広場が予定以上の広さになりました。

関空が好調で宿泊施設が不足していた時期に、このスペースを有効的に活用できないかと考えました。調査の結果、都市計画上、また技術的にも可能だということで、駅前広場の空間と機能は残したまま、高さ7mの人工地盤を築き、その上部に宿泊施設を建設するというプロジェクトをスタートしました。

公募型プロポーザルによる事業者選定から事業着手まで、時間を要しましたが、令和2年8月に着工し、10月に駅前ロータリーと広場の改修が完了し、11月から鉄骨12階建（222室）のホテル建設工事が始まりました。令和4年6月完成予定で工事が進んでいます。

この節の冒頭で取り上げました、りんくうタウンは、まさにバラ色の未来図が描かれていました。どのくらいかと、文章で表現するのは難しいですが、例を一つあげますと、地元企業が約40社集まり、各企業が1億円ずつ投資して、50階建てのビルを建設する計画がありました。現在では、とても考えられません！

手始めに、各社が2000万円ずつ出資して「アイ・エス空遊株式会社」という会社を設立しました。地元の名立たる企業が出資し、役員に名前を連ねました。建設予定地が決まり、ビルのパースも出来上がりましたが、バブル崩壊によるメインバンクの経営危機などで、会社は解散し、計画は潰《つい》えました。

地元企業が、50階建てビル建設に胸を膨らませていたように、あらゆる業界の名の通った大手企業が、りんくうタウンへの進出に申し込んできたと、大阪府の担当者は、当時を振り返っています。

りんくうタウンの変遷を記せば、かなりの文量になりますので、ここでは1点だけ、南海線とJR線が乗り入れる「りんくうタウン駅」直近の土地（りんくう往来北1の833番・面積2955㎡）を、大阪府が駐輪場の整備をして、泉佐野市へ移管しました。

関空からのインバウンドで、泉佐野市内の宿泊施設が不足していたころ、駅チカの一等地を駐輪場にしておくことが、とても「もったいない」と思いました。「今なら需要がある」と考え、駐輪場を売却することにしました。

大阪府から土地の移管を受けて、10年が経たずに、土地利用を変える場合は、大阪府への返還金が生じます。見積もると、5億1000万円の返還金が必要でした。その額を越える最低価格を設定し、公募入札したところ、落札価格がなんと、18億8000万円にのぼりました！

入札条件に、代替の駐輪場を立体歩道の下に、落札事業者が整備することを条件にしていました。平成29年6月議会で、大阪府への返還金を補正予算に計上して、5億1000万円を支払いましたが、泉佐野市には13億7000万円が残りました。このことで、大阪府のりんくうタウン担当者は、大阪府の財政課職員から、こっぴどく叱られたと聞きました。

この区画には、地上22階、高さ81m、客室700室のホテルが建設されましたが、コロナ禍によって、運営会社が民事再生法の手続きをおこない、2020年開業が大幅に遅れています。しかし星野リゾートがスポンサー契約をしましたので、コロナ禍の収束後には、賑わいづくりに大きく貢献してくれると考えています。

松浪武久府議が「空き家、空地＝潜在力」「コロナが去り、まちに賑わいが戻るにはまだ時間が必要ですが、この潜在力を活かすソフト、アイディアが必要だと思います」とフェイスブックに書き込まれていました。まさしくその通りで、空港関連事業の遺産は、泉佐野市をさらに発展させてくれる潜在力だと考えています。

令和2年9月26日（土）、麻生太郎財務大臣が富山県の講演で、

「北陸新幹線を関空までつなげば、一層の経済効果が見込める」

と発言しました。本気度がどれくらいなのかは定かではありませんが、「新幹線」、もしくは「リニア」を関空までという話は、これまでもよくありました。

そんなことから、お誘いがあり、泉佐野市は「山陰縦貫・超高速鉄道整備促進市町村会議」に加盟しました。東京の砂防会館で開催された会議で、京都大学大学院の藤井聡教授が、

「事業が先送りされれば、それだけ市民に損失をもたらす。事業化しないことの経済的損失を考えるべき」

と言われていました。事業化の経済的効果の検証よりも、事業化しないことのマイマス面をまず考えるべきという言葉には、目から鱗が落ちました。

令和3年度は、泉佐野市の法人税収が前年度比で半減する見込みであり、財政的にはかなり厳しい状況にありますが、ポストコロナにスタートダッシュするために、これまで手掛けてきたハード面の事業は、先送りせずに、粛々と進めてまいります。

原発特措法の適用？

前節では、「熊取駅西地区整備事業」「泉佐野土丸線の延伸」などの社会基盤整備の事業を紹介しました。これらの事業は、泉佐野市の一般財源だけでなく、国からの補助金を確保しながら、年度ごとの事業費に充てています。

あまり知られていないことですが、泉佐野市における、このようなハード面の事業は、「原子力発電施設等立地地域の振興に関する特別措置法」、いわゆる「原発特措法」が適用され、補助金の割合が高くなり、発行する起債も、地方交付税への算入割合が高くなります。

例えば、道路整備では、通常50％の国の負担割合が55％になります。残りの地元負担分では、通常90％まで認められる起債の発行が、１００％まで「原発特別債」を発行できます。そして、通常の起債では50％の地方交付税への算入が、「原発特別債」では70％の算入となります。

これを聞くと、「泉佐野市に原子力発電所（以下：原発）があるの？」と思われるでしょう。原発はありませんが、北隣にある熊取町に、研究用原子炉を持つ「京都大学複合原子力科学研究所（以下：京大研究所）」があり、このことで、道路整備や消防施設整備、公営住宅の建替え、学校施設の耐震化などで、「原発特措法」の適用を受けて、補助割合等が高くなります。

これを聞くと、「京都大学がなぜ大阪に？」と思われるでしょう。京大研究所の前身は、「京都大学原子炉実験所（以下：京大実験所、名称が変更される前まで京大実験所、名称が変更された後は京大研究所と記します）」で、当初、京都府宇治市にある京都大学キャンパス内に建設が予定されていました。しかし近くに浄水場があり、宇治川の近くということで、近隣自治体から反対運動が起きました。

宇治市での建設が断念され、大阪北部の高槻市に建設地が変更となりました。この高槻市でも、茨木市などの近隣自治体から反対運動が起きました。その後、交野町（現在：交野市）、四条畷町（現在：四条畷市）、美原町（現在：堺市美原区）、熊取町が候補地に上がりました。

美原町では、平尾という地区に建設が予定されましたが、隣の羽曳野市で、大きな反対運動が起こりました。当初、羽曳野市議会で、誘致に反対したのが議員30名で4名だけでした。しかし、住民からの反対が大きくなり、最終的に「原子力実験所誘致反対の決議」が議会で可決されました。

このように近隣自治体から反対運動が起こり、候補地が転々とした京大実験所の建設。熊取町への建設が持ち上がったときに、隣接する泉佐野市はどのような反応をしたのでしょうか。『泉佐野市議会五十年史』によりますと、当時の熊取町長と熊取町議会議長が、京大実験所誘致の申入れを大阪府に対しておこない、誘致運動を展開しているのが、昭和35年5月13日（金）の新聞報道で明るみになりました。

8月22日（月）、熊取町に建設地が絞られつつあることに対し、「大学研究用原子炉熊取町設置反対に関する決議」が泉佐野市議会で可決されました。山本昇平市長のときでした。山本市長は、昭和23年から昭和40年まで、5期17年間、市長を務めました。当時、公選市長として、5選を果たしたのは、山本市長が全国で初めてでした。

9月に、本部長が山本市長、副本部長が泉佐野市議会の古妻正三議長とする「大学研究用原子炉熊取町設置反対泉佐野市期成同盟」が設立されました。しかし、「軽率に反対するものではないが、十分研究したい」「熊取町との親善関係については、今後十分努力したい」「害が除かれて、実験所建設に伴う地域の発展が早められるのであるならば……」などの市長答弁から、「消極的な反対」だったことが見え隠れします。

一方、激しい反対運動が起こったのは住民からでした。12月9日（金）、京大実験所の建設が熊取町に決定したと発表がありました。発表後に、建設が決定した熊取町朝代地区と、最も隣接する泉佐野市日根野地区で、強力な反対運動が沸き起こりました。

12月20日（火）、住民250名が泉佐野市役所に押しかけ、建設撤回の陳情をおこないました。その翌日、日根野地区各種団体代表200名が、議会開会中の傍聴席になだれ込み、京大実験所建設に関して、議会の意見を求めてきました。

京大実験所から、半径500mの円を描きますと、熊取町域：泉佐野市域の割合は、おおよそ8：2です。半径1kmでは6：4になり、半径3kmでは4：6と逆転して、泉佐野市域の方が大きくなります。そして、半径3kmの中には、日根野中学校区がスッポリと入ります。

熊取町は、地質、地盤、用水、交通の便等で原子炉敷地の最適地として選ばれました。しかし、隣接する日根野地区の住民には、放射性物質からの健康被害、農業への影響、実験所が拡張するときに日根野地区に拡大されるのではという不安がありました。また建設予定地が、泉佐野市の中央を流れる「佐野川」の上流ということで、第三中学校区の住民からの不安もありました。

このように、住民の強い反対運動が展開されましたが、昭和36年11月17日（金）、京都大学と泉佐野市の間に覚書が交わされ、２年越しの反対運動も終止符を打つことになりました。

泉佐野市が、京大実験所建設を進める関係機関や京都大学との協議で、反対理由となっていた問題点等が解明され、安全性の確保、不安感の除去、補償等についての対策が確認できたことによるものでした。

また、山本市長は、

「大きな予算を計上して反対運動を続けるのは、当市の財政事情からすると非常に困難で、場合によっては焦土戦術になるということも市の責任者として懸念している」

と答弁していました。

覚書では、「道路整備」「佐野川の改修」「周辺部の開発」「地元産業（繊維産業）への協力」が盛り込まれました。「大阪府原子力平和利用協議会」の会長であった、当時の大阪府副知事も署名しています。

京大実験所と周辺集落の中間に、所員宿舎を建設し、所員が家族と一緒に住むことも約束されました。放射能漏れの恐れがなく安全なら、所員宿舎で家族と一緒に住めるだろう、ということでした。「所員宿舎に、赤ん坊のおむつが干してあるのを見て安心した」と地元住民が言ったそうです。

覚書に基づき、原子炉の平和的利用と安全性を図るための「審議会」が設立されることになりました。それが、昭和37年に設立された「泉佐野市原子炉問題対策協議会」であり、現在の「泉佐野市原子力問題対策協議会（以下：市原子力協）」です。毎年夏に、市原子力協を開催し、京大研究所と核燃料加工施設である「原子燃料工業株式会社熊取事業所（以下：原燃工）」から報告を受けています。

大阪府でも毎年8月に、「大阪府原子炉問題審議会（以下：府原子炉審）」が開催され、京大研究所から報告を受けています。泉佐野市長は、地元選出の大阪府議会議員、泉佐野市議会議長、市原子力協の会長、日根野地区代表とともに、府原子炉審の委員に委嘱されます。

令和2年8月11日（火）、「第126回」の府原子炉審が、新型コロナ対策を講じたもとで開催されました。現在は年1回の開催ですが、昭和37年1月設置の府原子炉審の回数からして、建設当初から落ち着くまでの間、年間にかなりの回数が、開催されてきたと想像します。

この会議で、大阪府立大学（以下：府大）の辰巳砂昌弘学長が、会長に選出されました。会議の席順は、名前の順番です。会長選出までの間、私の隣に座られていた辰巳砂学長がお声をかけてくださりました。

府大は、大阪市立大学と統合され、令和4年4月から「大阪公立大学（仮称）」として開設されます。その初代学長に、府大の辰巳砂学長が内定しています。大阪公立大学は、国公立大学では、大阪大学、東京大学に次いで、国内３番目の定員数となります。泉佐野市には、府大のりんくうキャンパス（生命環境科学部・研究科の獣医学分野）があります。統合を機に、さらに発展することを願っています。

ちなみに、私は、府大の「なんばサテライト教室」の第一期生で、経済学研究科博士前期課程を、平成15年３月に修了しました。１年目は、なんば教室で修士課程の単位を取り、２年目から、なかもずキャンパスで、所属ゼミの山下和久先生の指導のもと、「地方交付税について」という修士論文を仕上げました。

話を戻し、京大実験所の建設は、昭和36年12月に起工式がおこなわれ、昭和38年４月１日（月）に京都大学の附属機関として開設され、昭和39年７月８日（水）に開所式がおこなわれました。

昭和39年６月25日（木）、開所式を目前に控え、京大実験所の研究用原子炉（以下：ＫＵＲ）が、「臨界」に到達しました。ＫＵＲの出力は、当初、１０００キロワット（以下：ｋＷ）でしたが、昭和43年に、５０００ｋＷに引き上げられました。昭和47年から昭和49年の２か年にかけて、臨界集合体実験装置（以下：ＫＵＣＡ）が建設されました。ＫＵＣＡの出力は、１ワット（以下：Ｗ）未満で豆電球に灯りがともる程度の出力です。

原子炉の中で、中性子源と呼ばれる物質から出た中性子が燃料集合体にぶつかると、ウランの核分裂が始まります。その核分裂で、ウランから飛び出した中性子が、他のウランとぶつかり、さらに核分裂を起こします。この反応が繰り返される状態が「臨界」です。

「臨界」に到達すると、大きな熱エネルギーが発生するので、この熱を利用して水を蒸気にし、タービンを回して発電するのが、「原子力発電」です。しかし京大実験所では、熱エネルギーを利用した発電はおこなわれていません。

研究用原子炉は、中性子を発生させるので、発生した中性子は、工学、物理学、化学、医学、生物学、農学など、とても幅広い分野の研究に使われています。毎年、4000人を越える学生や研究者が京大研究所に訪れ、平和的利用のための研究が続いてきました。

平成21年に、世界で初めて加速器中性子源による「ホウ素中性子補足療法（以下：BNCT）」の実験が始まりました。次世代のがん治療法と言われている「BNCT」の実用化に向けた各種研究がおこなわれています。治験も始まり、大きな注目が集まっています。

各分野への貢献が期待されている京大実験所でしたが、東日本大震災を機に、原子力を取り巻く情勢が厳しくなり、京大実験所もその流れに飲み込まれていきます。

平成23年4月19日（火）、新田谷市長の大阪府議会議員出馬に伴う辞職により、職務代理者となった泉谷善吉副市長（当時）が、京大実験所と原燃工に対して、「原子力施設の安全管理に対する関心が高まっているので、既定の安全対策にとらわれず、より一層の万全を期していただくように」と申入れしました。

これは、京大実験所との「原子炉施設および住民の安全確保に関する協定」、原燃工との「原子炉関係施設およびその周辺住民の安全確保並びに公害防止に関する協定」に基づくものです。

私が市長に就任して間もなく、5月11日（金）、原燃工から回答がありました。そして、5月20日付で、京大実験所から回答があり、5月23日（月）、森山裕文所長（当時）と泉佐野市役所で面談しました。

京大実験所は、核分裂により発生する中性子を使った研究をおこなうことが目的で、そのために必要な核燃料も少なく、原子炉内を沸騰させる必要がないので温度は低く設定されています。また発電が目的ではないので、タービンや発電機、蒸気を送る配管などがなく、蒸気を冷却するための設備や大量の冷却水がいらないので海に面した場所に設置されていません。

福島第一原子力発電所では、津波の影響で電源が全て喪失し、原子炉の冷却機能を失いましたが、京大実験所は、「出力が低く、運転時においても温度や圧力が高くないこと」「原発と比べて核燃料の量がごく少量であること」「核燃料の量に比べて原子炉内の水の量が十分なこと」など、京大実験所の安全性を森山所長から詳細に説明していただきました。

また、原燃工は、原発で使用する燃料を製造する事業所で、原子炉のように燃料を核反応させているわけでなく、燃料自体は熱を発しないので、原子炉のような冷却設備は必要ない、などの説明も受けました。

このように、熊取町にある原子力施設は、原発とは、施設の目的、設備、構造等が異なります。原子力事故を起こしたチェルノブイリ原発は１００万ｋＷ、水素爆発を起こした福島第一原発の１号機は46万ｋＷです。一方で、ＫＵＲは５０００ｋＷ、ＫＵＣＡは１Ｗと、出力に比例する放射能の量にかなりの違いがあります。

しかし、平成25年12月18日（金）、「試験研究用等原子炉施設の新規制基準」が施行されましたので、関連する施設の適合確認が認められるまで、京大実験所と原燃工は、稼働の停止を余儀なくされました。

平成29年6月21日（水）、ＫＵＣＡの再稼働、平成29年8月29日（火）、ＫＵＲの再稼働まで、稼働を停止して、新規制基準への適合確認がおこなわれました。原燃工は、平成28年8月から、原子燃料の生産が再開されましたが、新規制基準に基づく安全対策の強化のために、令和元年11月から操業が停止され、今後、施設の改修工事が実施される予定です。

熊取町にある原子力施設は、新規制基準に応じた安全対策が取られていますが、もし「原子力災害」が起こったとき、泉佐野市へ大きな影響を及ぼす施設として、「泉佐野市地域防災計画」に、原子力災害対策を盛り込んでいます。

仮に、京大研究所と原燃工で、原子力災害が発生し、現場の放射線の測定値が、原子力規制委員会が定める基準を超えれば、現場から５００ｍ圏内は、屋内退避を取ります。この５００ｍ圏内の泉佐野市域には、５軒17人の住民が生活し、また生徒・職員で約７００人の佐野支援学校があります。

令和２年９月４日（木）、泉佐野市は「大阪８８０万人訓練」で、巨大地震が発生し、熊取町の原子力施設で、放射能を浴びた物質が施設外に飛散したことを想定した訓練をおこないました。

大阪湾に面しており、津波・高潮対策、和泉山脈が連なるので土砂災害対策、河川やため池の決壊対策、関空での事故・テロ行為・感染症対策、そして原子力災害対策と、泉佐野市の危機管理担当者は、他の自治体と比べると、幅広い安全・安心をカバーしながら、日々の業務にあたっています。

福島第一原発の汚染水対策や廃炉問題をはじめ、原発再稼働の同意、使用済み核燃料の中間貯蔵施設や最終処分先など、原子力エネルギー政策に少しでも動きがあれば、その都度、報道が取り上げます。

令和8年5月までは、使用済み核燃料をアメリカが引き取ることが決まっていますが、それ以降の燃焼処分方法については見通しが立っていないため、京大研究所はKUR廃炉の検討を始めました。今後の動きは、詳《つまび》らかに報道されるでしょう。

昭和45年に「関西新空港設置反対についての決議」が、泉佐野市議会で可決されました。それから遡《さかのぼ》ること、さらに10年、京大実験所建設には、原子力施設という特性により、住民から大きな反対運動がおこりました。隣の熊取町に所在しますが、泉佐野市のまちづくりに深く関わりがある泉佐野市特有の原子力政策との関連をまとめました。

ポストコロナに向けて

令和2年に入るとすぐに、中国の友好都市から、「マスク」を送ってほしいと依頼がありました。中国国内における新型コロナ感染症の拡大による支援要請でした。日本国内でも、中国人によるマスクの買い占め等が報道されていた時期であり、すでに品薄状態で、なかなか入手できませんでした。

それでも各方面のご協力により、何とか確保できたマスクと災害用に備蓄していたマスクを送りました。友好都市からの依頼によって、早い段階から動きましたので、さらに確保できたマスクは、入手がより困難になるだろうと見越して、支援物資として送ることから、蓄えとして市民向けに備蓄しておくことに、切り替えました。

令和2年2月10日（月）、まずは希望する妊婦の方々へ「1人20枚」のマスク配布から始めました。そして段階的に、社会福祉協議会、保育所、小中学校、病院、高齢者施設、町会連合会などへ、備蓄状況に応じた配布をおこないました。

中国でのマスク生産が再開し、マスクを支援物資として送った各友好都市から「お返しがしたい」と連絡が入り、10万枚を越えるマスクが届きました。また市内外の個人、企業からも、約20万枚のマスクをご寄贈いただきました。

これにより、身体障害者手帳を持つ方々、高齢者の方々、ひとり親家庭への配布、妊婦の方々への追加配布などがおこなえ、深刻なマスク不足にも何とか持ち堪えることができました。

令和２年３月２日（月）、要請に基づき、泉佐野市内の各小中学校で臨時休業を開始しました。留守家庭児童会は平常どおり実施し、「やむを得ない事情がある場合」の児童は、各小学校で受け入れました。また、学校再開に向けて、児童・生徒に配布する「泉州タオルマスク」の製作にも取り掛かりました。

３月14日（土）、泉佐野市内で初めての感染者が確認されました。17日（火）１人、18日（水）２人と感染者の確認が続きました。この時点で、大阪府内における人口割合では高い水準でした。この後、少し落ち着きをみせ、緊急事態宣言発令後の４月13日（月）まで感染者が出ませんでした。

４月15日（水）、４月臨時議会では、新型コロナ感染症緊急対策の補正予算を計上しました。「小中学校給食費の無償化」「泉佐野プレミアム商品券事業」「国民健康保険料の一部減免」「水道料金の一部減免」「マスク10万枚購入」などの補正予算が、全会派賛成で承認されました。

困窮世帯に対して１世帯30万円の給付から、国民１人一律10万円の給付となった「特別定額給付金」については、市長公室政策推進課内にプロジェクトチームを設置し、業務を開始しました。

この業務の一部を、株式会社ピーチ・アビエーション（以下：ピーチ社）に委託しました。大幅な減便で、人員に余裕があるピーチ社に、１日最大40人程度で、申請書類の不備確認を担ってもらい、とても助かりました。

各世帯への申請書の発送には、ふるさと納税で活用していたスーパー印刷機を使いました。印字から封筒詰めまで、オートマチックです。しかし、ふるさと納税から除外されていた時期での、久しぶりの稼働で、当初は調子が芳しくなかったみたいです（笑）。

特別定額給付金の申請は、8月12日（水）が締め切りでした。1人でも多くの方に申請してほしいと考え、8月8日（土）～11日（月）の3連休で、泉佐野市職員が未申請の世帯を戸別に訪問しました。

5月19日（火）、5月臨時議会では、「災害セーフティ基金設置」「市長給料のカット（14％追加）」「第2次緊急対策補正予算」が承認されました。市民の方々から、新型コロナ感染症対策へ、寄付の申し出がありましたので、受け皿となる災害セーフティ基金を設置しました。

議会の幹事長会では、削減分を感染症対策に充てようと「議員報酬削減」が議題に上がっていました。議員報酬は、令和2年3月末で、10％カットから5％カットになりました。それを以前の10％カットから、さらに5％上積みする「15％カット」を主張する会派があると聞こえてきました。

令和2年3月末で、最大9％であった一般職員の給料カットを戻しましたので、市長給料も、40％カットから31％カットへ9％分を戻していました。それを議員報酬削減に合わせて、以前の40％カットから、5％上積みする「45％カット」にするため、14％カット追加の議案を上程しました。期間を令和2年度末までとしました。

第2次緊急対策補正予算では、国の「子育て世帯への臨時特別給付金」に加え、泉佐野市独自の取り組みとして、対象者を18歳まで拡大し、1人当たり1万円を給付する「いずみさの子育て応援給付金」を計上しました。

補正予算とは別に、当初予算を流用して、部屋数に応じて支援金を給付する「宿泊事業持続化緊急支援事業」「プレミアム付き食事券（さのチケ）」「テイクアウトデリバリー支援事業」「ごみ袋（30ℓ×10枚）の全戸配布」「証明書等交付手数料の免除」「マスクポケットの制作」「市営住宅家賃の一部減免」「会計年度任用職員の緊急雇用（10名）」などをおこないました。

6月議会では、「第3次緊急対策補正予算」として、議員報酬の減額分で「市内全世帯にマスク配布（約45万枚）」「障害者手帳等を持つ市民（19歳以上）へ1万円の給付」「65歳以上の市民へ温泉施設利用券（1000円分）の配布」などを計上しました。

追加議案として、「第4次緊急対策補正予算」で、休業要請支援金の支給対象外の事業所に対して、泉佐野市独自で支給する「休業要請外支援金（中小企業20万円、個人事業主10万円）」「家庭学習アプリ「スタディサプリ」の経費」「特別定額給付金の基準日以降に生まれた新生児に10万円の給付」「市内宿泊施設での職員テレワーク実証実験」などを計上しました。

補正予算とは別に、当初予算を流用して、市中感染の把握および今後の対策に活用するために、抗体検査のクーポン券を配布し、「新型コロナ抗体検査」を7月から開始しました。りんくう総合医療センター（以下：病院）と、令和2年4月にオープンした上之郷診療所で実施しました。

1300人の市民の方々を無作為に選定したところ、535人が検査を受けました。結果は全て陰性でした。追加で、上之郷診療所で個別検査を実施したところ、111人が検査を受け、11月22日(日)、健診センターで集団検査を実施したところ、98人が検査を受けました。追加分も全て陰性でした。

7月10日(金)、4月22日以来の感染者が2人確認されました。2人とも20代でした。このころから、若い世代の感染者が増え、第2波に突入していきます。2月以降開催できていなかった「千代松大耕連合後援会」の役員会を久しぶりに開催する日でしたが、急遽中止にしました。

9月議会では、「第5次緊急対策補正予算」として、「再生可能エネルギー活用事業」「インフルエンザ予防接種助成事業」を計上しました。再生可能エネルギー活用事業は、前年同月比から50%以上減収となった事業者で、泉佐野電力と高圧電力の契約をしている事業者、もしくは新たに契約を結ぶ事業者に対して最大100万円を補助する事業です。

インフルエンザ予防接種助成事業は、新型コロナ感染症とインフルエンザが同時に流行することに備えて、こどもや高齢者に対しては最大限に警戒するため、助成制度を拡大し、自己負担分を全額助成するために必要な経費を計上しました。対象は、15歳以下の児童・生徒、65歳以上の高齢者の方々でした。

その後、大阪府が65歳以上の予防接種無償化を実施する市町村には、全額補助するとしましたので、泉佐野市は、妊婦の方々、大学受験を控えた高校3年生、60歳～64歳の内部疾患による障害のある方々へと、さらに対象を拡大しました。

この議会では、「病院事業債管理特別会計」の補正予算も上程しました。「特別減収対策企業債」を発行し、新型コロナ感染症への取り組みにより、大幅な減収が見込まれる、病院への貸付けとして20億円（最終的には12億円）を計上しました。

病院では、令和2年2月に「帰国者・接触者外来」を設置し、3月からは、泉州地域だけでなく府内全域からの感染者、また関空検疫所からの感染者を受け入れました。4月からは、疑似患者も受け入れました。コロナ対応にマンパワーを注入するため、2次救急の受け入れは休止しました。

4月は73％、5月は66％、6月は75％と病床稼働率が大幅に落ち込み、3ヵ月間だけで、前年比7億円のマイナスが生じました。人員体制の変更に加え、コロナ対応病院という風評被害も加わり、患者数の減少で収支が悪化しました。

第2波では、第1波以上の感染者を受け入れましたが、2次救急、3次救急の受け入れを制限せずに医療体制を維持しました。それにより、8月以降は、病床稼働率が何とか80％台まで回復しました。9月に「地域外来・検査センター」を設置してPCR検査を開始しました。

11月1日（月）、泉佐野市内で初めてのクラスターが民間医療機関で発生しました。11人の感染者が確認されました。急激な感染者の増加により、大阪府は個票での公表を止めました。11月14日（土）、泉佐野市内の感染者数合計が100人となり、第3波に突入していきます。

12月議会では、65歳以上の高齢者および基礎疾患を有する人のうち、本人の希望でPCR検査を受けられる「高齢者等疾病予防対策事業」、こども食堂への寄付を活用して、運営8団体に対し、手指消毒液などを配布する「衛生用品配布事業」を計上しました。

12月15日（火）、地元選出の谷川とむ総務大臣政務官に調整していただき、西村康稔経済再生担当大臣、小鑓隆史厚生労働大臣政務官へ、病院の件で要望活動をおこないました。泉佐野市議会の向江英雄議長、野口新一議員、自由民主党泉佐野市会議員団の西野辰也議員、高橋圭子議員、長辻幸治議員が同行してくれました。

後日、病院へ20億円の交付が決定したと、谷川政務官から連絡が入りました。空床補償が一番大きく約15億7０００万円、設備の整備で約1億6０００万円、救急・周産期・小児科向け支援で約6０００万円、医療従事者への慰労金で約2億6０００万円でした。マスクやガウンなどの医療物資も手厚く支給されることになりました。

令和3年に入り、1月5日（火）、泉佐野市内の感染者数合計が２００人となりました。大阪府は緊急事態宣言の再発令後、1月14日（木）から、大阪府内全域の飲食店等に対して、午前5時～午後8時までの営業時間短縮を要請し、それに応じた店舗には、1日6万円の協力金を支給しました。

泉佐野市は、6月議会に追加で上程した「休業要請外支援金」の申請数が、見込みより少なかったので、これを流用して大阪府の協力金に、1日1万円の上乗せをおこないました。2月8日（月）以降、延長期間の上乗せは実施しませんでしたが、緊急事態措置で落ち込んだ地元経済に対して、プレミアム率30％の「泉佐野プレミアム商品券事業」を再実施しました。

２月17日（木）、緊急事態措置の延長中でしたが、再度、谷川政務官に調整していただき、大隈和英厚生労働大臣政務官へ要望活動をおこないました。泉佐野市議会の向江英雄議長、自民党議員団の西野辰也議員、高橋圭子議員、長辻幸治議員が同行してくれました。新型コロナ感染症の影響で、まだまだ先行きが不透明なので「令和３年度も令和２年度と同様の支援を」と要望しました。医師でもある大隈政務官は、本市病院の重要性を十二分に認識されていました。

令和３年の「第28回ＫＩＸ泉州国際マラソン」は、オンライン方式での実施でした。２月８日（月）～21日（日）までに、42・195㎞を走れば完走になりました。14㎞、20㎞、８㎞と３日間に分けて走り、「４時間13分01秒」で完走しました。早朝のマーブルビーチやりんくう公園を１㎞６分台のペースを維持しながら走りましたので、３日間に分けたとはいえ、体には良い刺激になりました。

３月議会では、令和２年度中の公共施設の休業指示による利用料金、利用料金キャンセル代返還金を指定管理者に補填する補正予算を計上しました。「令和３年度一般会計当初予算」では、令和２年度に実施した「小中学校給食費の無償化」を継続するための予算を計上しました。

３月18日（木）、泉佐野市内の感染者数合計が３００人となりました。２月の感染者数が12人と落ち着きつつありましたが、緊急事態措置解除後の３月10日から連続して感染者が確認され、ついに３００人を越えました。

追加議案として「令和3年度一般会計補正予算」で、新型コロナワクチンの個別接種に、1回あたり1000円を国負担に上乗せする「新型コロナワクチン接種協力金」を計上しました。対象医療機関は、66機関（令和3年3月時点）でした。

ワクチン接種に関して、3月10日（火）から、病院の医療従事者向け優先接種が始まりました。大阪府は一般高齢者向けの最初の割り当てを、府内43市町村に高齢者の人口比に応じて分配しました。泉佐野市への割り当ては、1バイアル5回換算で235人分でした。泉佐野市は、クラスターが発生しやすい高齢者施設から接種を始めることにしました。

令和3年度に入り、4月13日（火）、泉佐野市では過去最多となる13人の感染者が確認され、泉佐野市内の感染者数合計も400人を越えました。4月14日（水）、本来なら泉佐野市内で聖火リレーがおこなわれる日でしたが、大阪府内では公道での聖火リレーが中止となりましたので、泉佐野市の市民ランナーを万博記念公園で応援しました。

公明党泉佐野市会議員団から経済的に困窮している女性の方々への支援に関する要望書が提出され、災害時用に備蓄していた生理用品1人1パック、アルファ化米2食分の配布を人権推進課と子育て支援課で開始しました。

4月5日（月）、大阪府が要請した「まん延防止等重点措置」が大阪市に適用されましたが、感染抑制には至らず、大阪府内のコロナ病床はさらにひっ迫しました。4月25日（日）、大阪府に3度目となる緊急事態宣言が発令され、泉佐野市も公共施設を臨時休業とする対応などをとりました。

ざっと、泉佐野市における新型コロナ関連を時系列に記しました。これら以外に、国の全額補助事業や大阪府と実施した「休業要請支援金」などがまだまだあります。全てを記載すれば、かなりの文量になってしまいます。また、新型コロナ感染症に関して疫学的な言葉を並べても、付け焼刃的な道聴塗説《どうちょうとせつ》になりますので、市独自の取り組みや、関連の事柄に絞って記しました。

市独自の取り組みですが、これらの事業には、国が創設した「地方創生臨時交付金（以下：臨時交付金）」の対象になりました。臨時交付金は、地方自治体の財政力によって、配分される一面がありましたので、人口規模などが同じ団体と比較すれば、泉佐野市への交付額は少なく、経費全額が充当されたわけではありません。

一方、臨時交付金の使途に苦慮する自治体もあったみたいです。新型コロナ対策と関連性が低い事業を実施しての批判がありました。泉佐野市の場合は、臨時交付金の「対象になる」「対象にならない」ではなく、新型コロナで厳しい市民生活、地元事業者にプラスになればとの思いで、事業を実施してきました。

他の自治体が実施する施策も参考にしました。もちろん感染症に市域などは関係ありませんが、道を一本隔てた、隣のまちと感染症対策が異なっていることに、地域住民は少なからず違和感を覚えたでしょう。ここでも基礎的自治体の規模を見直し、広域化を進める必要性を感じました。

市民に最も近い泉佐野市が、まず動き、必要なこと、できることを速やかにおこなう。それらに対し、国の補助金や交付金が「付く」「付かない」は、施策を決定する判断基準の上位ではありませんでした。

「特別定額給付金」は、泉佐野市内4万7708世帯のうち、99・6%にあたる4万7500世帯が申請し、100億760万円が泉佐野市民へ給付されました。このような事業を、泉佐野市単独で実施することは不可能です。国の事業に対し、地方自治体レベルで到底及ばないスケールを感じるときがあります。

神戸空港と神戸市には悪いですが、神戸市が設置した神戸空港と、国家プロジェクトで建設された関空を比べますと、事業レベルの差が如実に現れています。地方分権一括法によって「国と地方は対等」となりましたが、事業の規模では、断然の違いがあります。

国の事業や、国の補助金などを否定しているわけではありません。むしろ泉佐野市は「緊急雇用創出事業」や「地方創生推進交付金」を存分に活用してきました。また、泉佐野市は、地方交付税、国庫補助金、各種譲与税、府支出金などを予算の財源とし、市政を進めています。これらは、地方自治体の運営に不可欠です。

かたや、多様化する自然災害や、感染症などの事態が発生したとき、住民に最も身近な存在である基礎的自治体が、迅速に意思決定し、できる事から精一杯推し進めていくことが、さらに求められるでしょう。

地方自治体が、咄嗟《とっさ》に動かざるをえないとき、「お金が無い」「国からの補助金がつくかわからない」と躊躇《ちゅうちょ》し、判断できないようでは、いつまで経っても自立できません。平成30年台風21号、今回のコロナ禍を通じて、より強く思うようになりました。

令和元年11月27日（水）、泉佐野ＪＣの帯野久美子先輩の計らいにより、関西経済同友会事務局企画の講演会で「地方創生に向けたまちづくり～泉佐野市の取り組み～」というテーマで講演しました。質疑応答で、

「ふるさと納税から除外され、寄付収入が見込めない中、次の打つ手は？」

という質問がありました。これに対し、

「市税収入を伸ばすことが基本にあります。これまでも市有地を売却しながら、民間投資を呼び込んできました。新たなプロジェクトも着実に進めています。これからも市税の増収に努め、足腰の強い市政運営を進めていきます」

と答えました。

ポストコロナには、少子高齢化や地方創生に加え、デジタル化や脱炭素社会、ダイバーシティなどの社会課題が待ち構えています。泉佐野市特有の課題である国際都市としての役割も発揮しなければなりません。ときには「掟破り」と嫌われても、自立した地方自治体として、多くの課題克服に対応できるように、たゆまぬ自治体改革を続けていく必要があると考えています。

あとがき

政治家の情報発信は、ＳＮＳの進化によって、限りなく広がりました。しかし、私が市議会議員選挙に初めて立候補した平成12年では、ホームページ（以下：ＨＰ）を立ち上げている議員でさえ、少ない時代でした。

「議員ＨＰを立ち上げて、議員活動の情報を積極的に市民のみなさまに開示します！」が、選挙公約の一つでした（笑）。

初当選後、パソコン教室に通い、「ホームページビルダー」を使って、自前のＨＰを立ち上げました。２年ぐらいは、それで何とかしのぎましたが、情報化社会の進展とともに、精度が悪くなり、泉佐野ＪＣの腕野幸博先輩にお願いして、ＨＰを外注しました。それにより、見栄えが数段よくなりました（笑）。

ＨＰの次に取り組んだのが「メールマガジン（以下：メルマガ）」でした。メルマガは情報発信のツールとして、主流ではなくなりましたが、根気強く配信を続けています。１日１回の配信で、4000号を越えました。

メルマガの発刊に際して、すでにメルマガを配信されていた方々を参考にしました。現在（令和３年３月）、全国市長会の会長である福島県相馬市の立谷秀清市長、全国青年市長会の前会長である神奈川県鎌倉市の松尾崇市長、北海道網走市の水谷洋一市長、神奈川県横須賀市の吉田雄人前市長のメルマガを購読していました。

当時、立谷市長以外の方々は地方議員で、それぞれのメルマガから発せられるアクティブな活動内容に刺激を受けていました。松尾市長、水谷市長とは全国青年市長会での面識でした。

網走市で、全国青年市長会の総会が開催されたとき、地元メディアにその様子が流れました。それを網走に出張で来ていた太田秀司が、たまたま観て、「今、網走におるんか？」と電話が入りました。つくづく世間は狭いと感じました。

立谷市長とは、相馬市内で、泉佐野の整骨院がマッサージのボランティア活動をしたのがきっかけでした。東日本大震災で被災した方々に、仮設住宅でマッサージを無償提供するボランティアでした。

平成26年6月5日（木）、相馬市内の高齢者サポートセンターで、整骨院のボランティア活動を激励し、その後、相馬市役所で立谷市長と面談しました。このときに、相馬駅構内の「ＮｅｗＤａｙｓ」で、泉州タオルを発見しました。

吉田前市長とは、私が市長に就任した後も、接点がなかったのですが、私が市議会議員のときに、メルマガで取り上げていました。

＝＝～変わらない挑戦。進化する改革～＝＝＝＝＝＝＝＝＝＝＝＝＝＝＝

千代松大耕のニュースレター Ｖｏｌ．６２４（２００９／０８／０５）

＝＝＝＝＝＝＝＝＝＝＝＝＝＝＝＝＝＝＝＝＝＝＝＝＝＝＝＝＝＝＝＝

総選挙の公示を前に、新聞や週刊誌が注目の選挙区を取り上げていますが、その中に必ず入るのが「神奈川11区」です。「神奈川11区」は、小泉純一郎元首相の選挙区で、神奈川県横須賀市全域が選挙区です。

『神奈川11区』

小泉元首相が支援した現職の横須賀市長が、新人の横須賀市議会議員に敗れたことで「小泉王朝が揺らいでいる」という表現がありましたが、いかがなものかと思います。今回、市長選挙で当選された吉田雄人氏は、前回の市議会議員選挙で１万票を超え、関東地方の最高得票でした。

落選した現職は、前回の市長選挙と比べて、得票数をあまり落としていません。また自民対民主の構図ではなく、自民も民主も現職を推薦していました。つまり新人候補がかなり強く、小泉元首相が応援弁士をしたぐらいでは、ひっくり返せるものではありませんでした。「小泉王朝」という表現は、新しい横須賀市長を選ばれた横須賀市民の方々に失礼だと思います。

公明党の太田代表の選挙区である東京12区から小沢一郎氏が出馬するという話がありましたが、本来の選挙区である岩手４区では「小沢の後継者なら誰が出ても当選間違いなし」と言われていました。これこそまさに「小沢王朝」ではないでしょうか？

令和3年1月20日（水）、吉田前市長が代表理事を務める（一社）日本GR協会の第8回勉強会で対談し、これでメルマガの参考にした全ての方々と、ようやく面識を得ました。

水谷市長が網走市議会議員のとき、メルマガに、

「岐阜県各務原市の森真市長（当時）から、海野七生さんの『ローマ人の物語』という歴史小説は、政治の全てがわかるから読んだ方がいい、と薦められたので読んでいます」

とありました。早速、私も読み始めましたが、何しろ単行本で全15巻、単行本を文庫本化したのが、全43巻の大作でしたので、読み終えるのに1年間かかりました。

つい最近も、読み返したぐらいの深い感銘を受けました。海野さんの作品ではありませんが、その後に「アメリカ人の物語」というシリーズが出版されていましたので、本の題名を考えたときに、僭越ながら「泉佐野の物語」にしようかと思ったぐらいです。

海野さんを知る人からすれば、誠におこがましいことですし、龍馬プロジェクト首長会の研修が、泉佐野市内で開催されたとき、南海泉佐野駅近くの「泉佐野まち処」で、三重県の鈴木英敬知事が、お土産品である「泉佐野の恋人」を手に取って、

「語呂並びがよくない」

と言われたのが、頭に残っていました。平仮名で書くと、「いずみさののこいびと」と「の」が続くからです。「いずみさののものがたり」は「の」が3つも入ります。ということで、初出版本の題名は、「型破りの自治体経営」としました。

読書が趣味の一つですので、これまで多くの本を読んできましたが、私にとって、だいたい200ページぐらいが、一日で読み終えられる文量で、読みやすく思えました。200ページでまとめれば2冊分ぐらいになると、1冊目を書き終えてからも執筆作業が続きました。そして、2冊目の本となる『掟破りの自治体改革』の出版に至りました。

米国で大ヒットした「24」のリメイクとなる「24JAPAN」が、令和2年秋から放映されました。キーファー・サザーランドが演じるジャック・バウアーは、唐沢寿明さん演じる獅堂現馬《しどうげんば》、シーズン1で暗殺計画がある「米国初の黒人大統領候補」は、「日本初の女性首相候補」という設定でした。

敵を倒したと思ったら、新たな敵がすぐに現れてくる「24」のストーリーに、一つの問題を解決したと思ったら、すでに次の問題が生じている「市長の職務」が、就任当初重なりました。『掟破りの自治体改革』は、2回目の市長選挙から始まりましたが、内容は、1期目の施策があったり、3期目での取り組みがあったりと、時系列が猥雑《わいざつ》で、わかりにくかったかもしれません。

市長の職務は、いくつもの課題を常に抱えながら、すぐに結果となるもの、ときには長い期間が必要なものが入り混じっていますので、此処彼処《ここかしこ》的な中身になってしまいました。お許しください。

最後になりますが、泉佐野ＪＣの先輩で、後援会の副会長である下中芳孝先輩が『型破りの自治体経営』を読んで、

「次は、千代松市長の生い立ちも読んでみたい」

との言葉がありました。自叙伝というわけではなく、「これまで泉佐野市で取り組んできたことをまとめたい」と書きましたので、

「どうかなあ……」

正直なところ、そう思いましたが、プロレス少年だったころ、人生最初の岐路になった高校時代を、自分なりに楽しく記すことができました。特筆すべき事柄では、なかったかもしれませんが、あわせてご容赦ください。

今回の『掟破りの自治体改革』の出版に際し、下中芳孝先輩、池端一起先輩、大伸会の万戸義久さんをはじめ、貴重なご意見をくださった方々、そして、最後までお付き合いいただいた読者のみなさまに、心から感謝を申し上げます。

参考文献

松浪健四郎『長州力野獣宣言』芙蓉書房、1986年
「週刊観光経済新聞」第2955号、第3011号
泉佐野市東京事務所「TOKYO REPORT」VOL.73、108、114、118、122、144
泉佐野市労連ニュース「いずみさの」NO.10089、10177、10181、10247、10256、10261、10264、10353、10387、10801
「おかあさんとちょっと」平成26年10月号
株式会社向新「いろは通信」令和2年5月号
「広報いずみさの」平成25年12月
「泉佐野市議会定例会会議録」平成24年6月、平成25年3月、平成25年6月、平成25年9月、平成25年12月、平成26年9月、平成26年12月、平成28年3月、平成28年12月、平成29年6月、令和2年12月
『泉佐野市議会五十年史』1998年
『泉佐野市勢紀要』1964年
『泉佐野市地域防災計画』2019年修正
『防衛省　防衛白書』平成24年版、令和2年版
自治体議会改革フォーラムホームページ「議会基本条例制定状況（自治体リスト）2020年7月1日更新」
大下英治『掟破り』水王舎、2018年
「週刊ポスト」2012年8月3日号、小学館、142〜143ページ
「女性自身」令和3年3月2日号、光文社、53〜55ページ
山口花『犬から聞いた素敵な話（あなたと暮らせてよかった）』東邦出版、2014年

参考文献

増田寛也編著『地方消滅』中公新書、２０１４年
相川俊栄『反骨の市町村』講談社、２０１５年
川口俊明『全国学力テストはなぜ失敗したのか』２０２０年、岩波書店、26、31、36、58ページ
櫻井よしこ『憲法改正の論点』２０１２年、明成社、32～33ページ
弓狩匡純『国旗・国歌・国民』２０２０年、角川新書、５、15～17ページ
弓狩匡純『世界の国歌・国旗』２０２０年、角川書店、44、１５６ページ
片山善博『片山善博の自治体自立塾』２０１５年、日本経済新聞出版社、79ページ
長嶺超輝『47都道府県これマジ⁉条例集』２００９年、幻冬舎新書、31ページ
たかぎ七彦『アンゴルモア元寇合戦記』全10巻、ＫＡＤＯＫＡＷＡ、２０１５～２０１８年
相川俊英『地方議会を再生する』集英社新書、２０１７年、１２７～１２８ページ
中道達也『泉佐野市とふるさと納税の真実』２０２０年、幻冬舎、29、32、１３９～１４３ページ
誉田龍一『日本一の商人　茜屋清兵衛奮闘記』ＫＡＤＯＫＡＷＡ、２０１８年
誉田龍一『日本一の商人　茜屋清兵衛、危機一髪』ＫＡＤＯＫＡＷＡ、２０１９年
細見周『熊取六人組』岩波書店、２０１３年、20～24ページ
津田一郎・かたおかしろう『共産党員市長でえらいすんまへん』清風堂書店出版部、１９８６年、70～72ページ

掟破りの自治体改革

令和３年５月25日　初版発行

著　者　　千代松大耕
発行人　　蟹江幹彦
発行所　　株式会社　青林堂
　　　　　〒150-0002　東京都渋谷区渋谷3-7-6
　　　　　電話　03-5468-7769
装　幀　　（有）アニー
印刷所　　中央精版印刷株式会社

Printed in Japan
© Hiroyasu Chiyomatsu 2021
落丁本・乱丁本はお取り替えいたします。
本作品の内容の一部あるいは全部を、著作権者の許諾なく、転載、複写、複製、公衆送信（放送、有線放送、インターネットへのアップロード）、翻訳、翻案等を行なうことは、著作権法上の例外を除き、法律で禁じられています。
これらの行為を行なった場合、法律により刑事罰が科せられる可能性があります。

ISBN 978-4-7926-0703-6